VeronikaHug.com

Woolly Hugs

RELIEF-PATENT STRICKEN

Pullis, Mützen, Tücher, Schals

CV

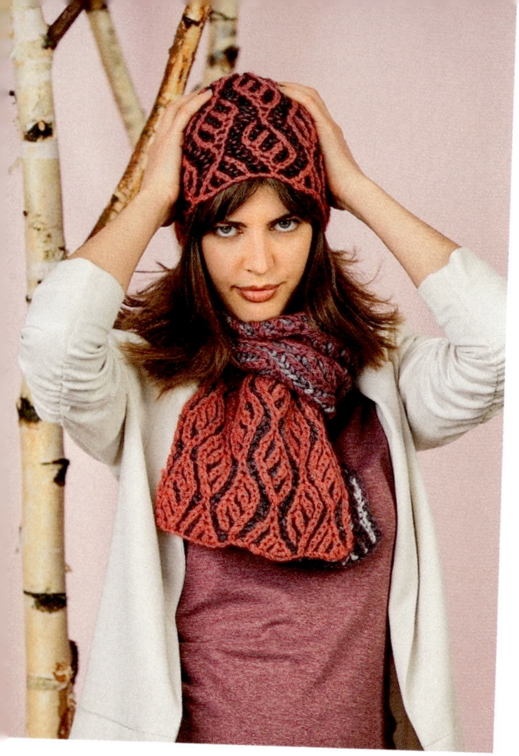

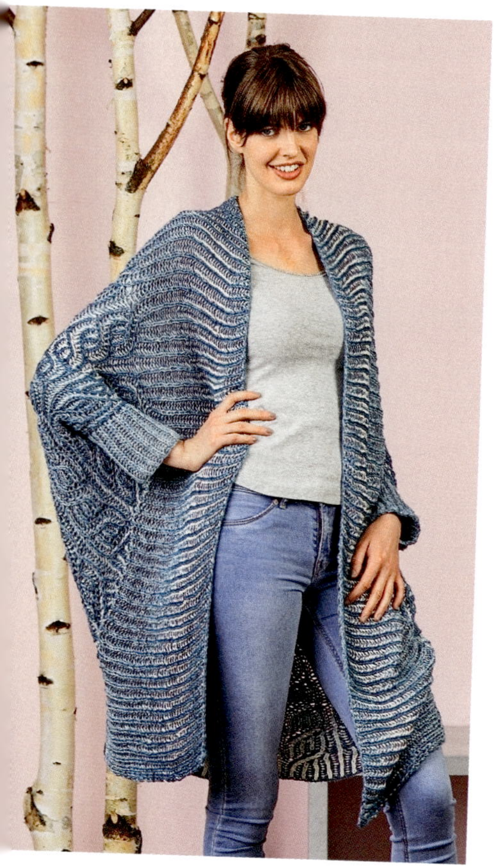

INHALT

GANZ PATENT

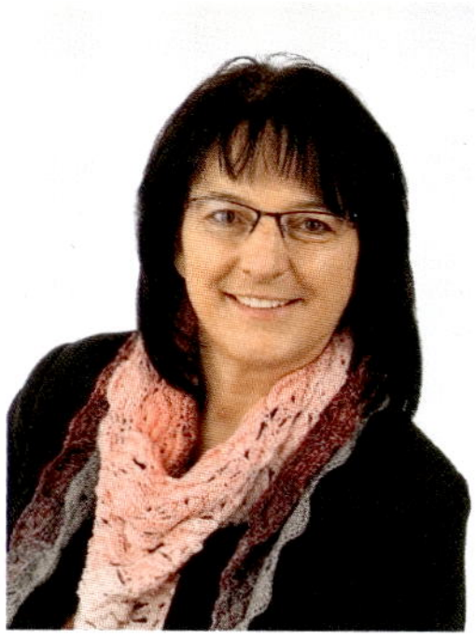

Das Reliefpatent, auch „Brioche“ genannt, bietet viele Möglichkeiten für zauberhafte Muster. Die Modelle werden durch diese spezielle Stricktechnik herrlich weich und kuschelig. Die Farben, egal ob mit Farbverlaufsgarn oder mit zwei Farben gestrickt wird, wirken hier ganz besonders schön.

Also einfach mal anfangen: Das Muster ist leicht zu stricken. So werden die trendigen Accessoires und Kleidungsstücke von Tuch, Schal und Mütze bis zu Weste, Tunika, Poncho und Pullover schnell zu absoluten Lieblingsstücken!

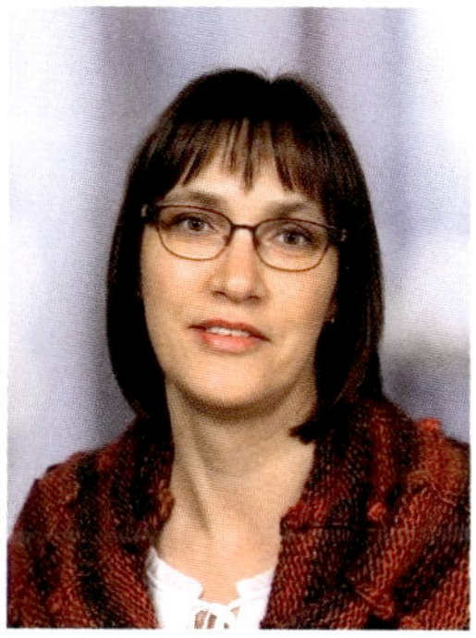

Ein Workshop zur Technik macht den Einstieg für Anfänger leicht und die Vielfalt der tollen Ideen wird fortgeschrittene Strickerinnen begeistern.

Viel Spaß und Erfolg beim Stricken wünschen

Veronika Hug und Silvia Jäger

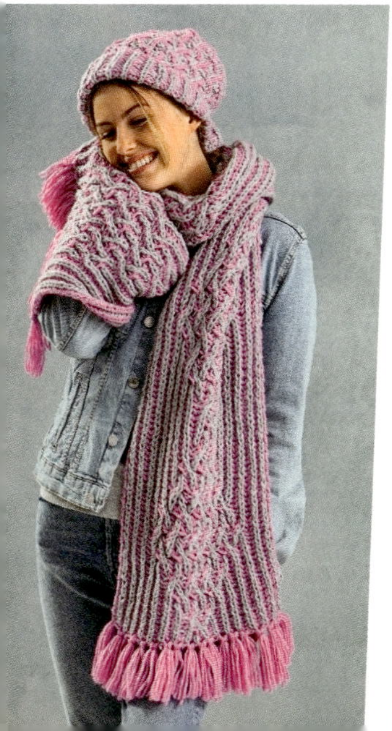

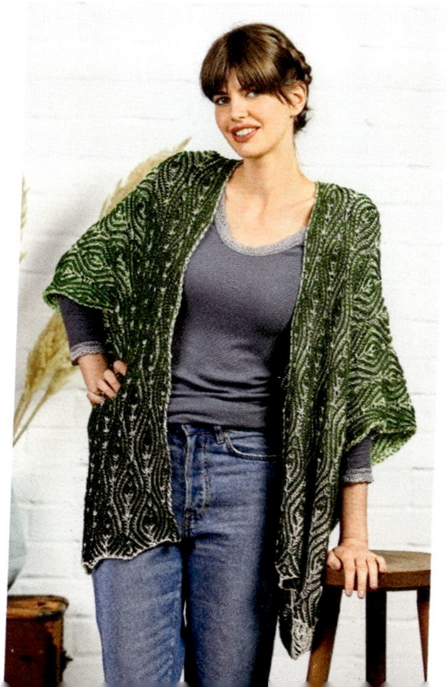

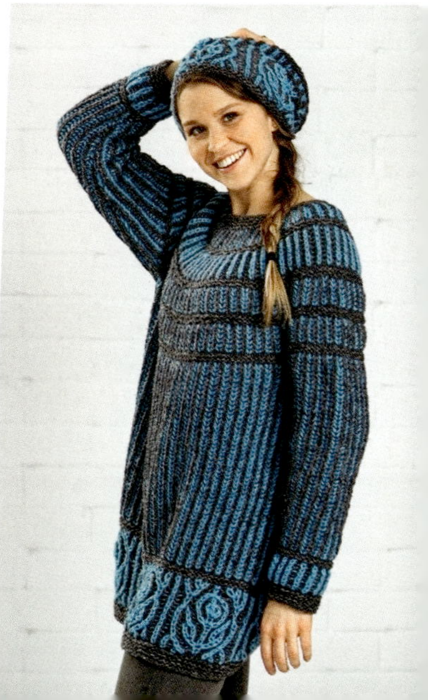

WORKSHOP RELIEF-PATENT

ZWEIFARBIGES RELIEF-PATENT IN REIHEN

Es wird gleichzeitig mit 2 Farben mit einer Rundstricknadel gestrickt. Farbe A = Grundfarbe, Farbe B = Kontrastfarbe. Nach jeder Reihe wird die Farbe gewechselt und das Strickstück an das Nadelende geschoben, an dem sich der Arbeitsfaden der nächsten Farbe befindet. Bei den Strickschriften ist neben der Reihenzahl die Farbe mit angegeben. Die Randmaschen werden als Kettrandmaschen gestrickt (siehe Zeichenerklärung).

Strickschrift

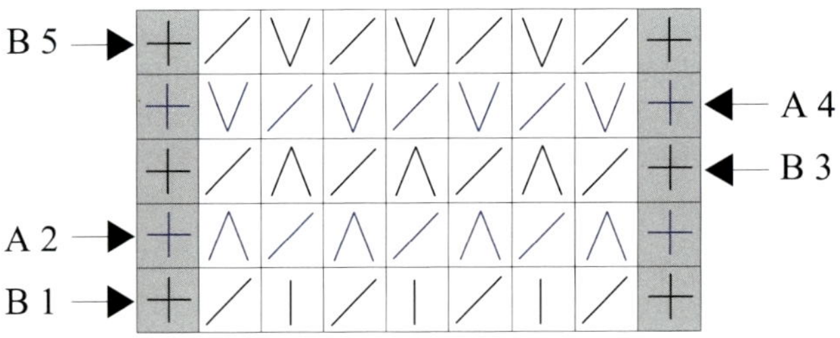

Zeichenerklärung
Siehe Umschlagklappe hinten.

→ = Strickrichtung

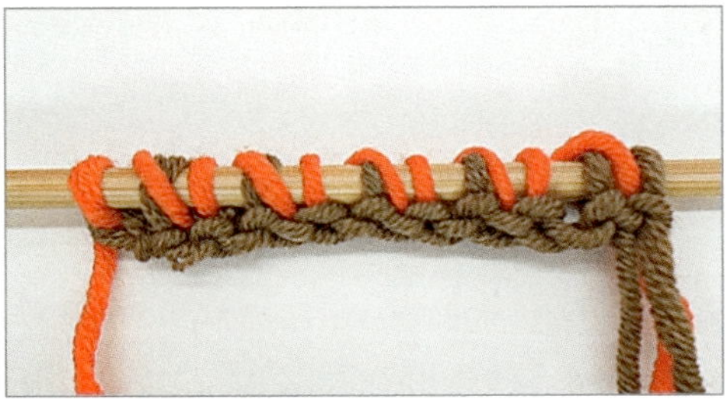

Anschlag – Farbe A: Ungerade Maschenanzahl anschlagen.
1. Reihe = Rückreihe – Farbe B: 1 Randmasche (siehe Zeichenerklärung), 1 Masche mit 1 Umschlag links abheben, 1 Masche rechts im Wechsel stricken, enden mit 1 Masche mit 1 Umschlag links abheben und 1 Randmasche (siehe Zeichenerklärung). Das Strickstück an das andere Ende der Nadel schieben.

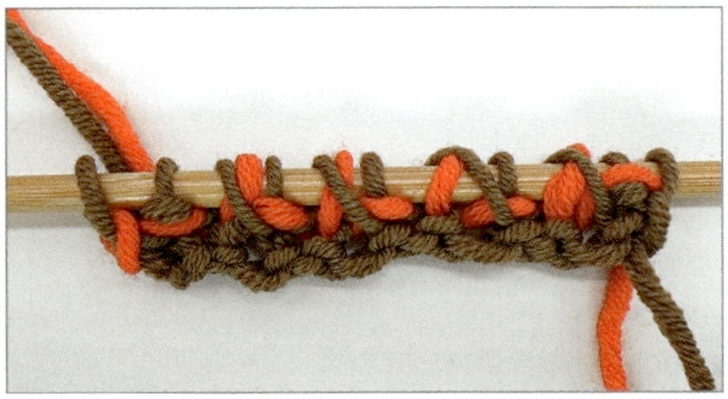

2. Reihe = Rückreihe – Farbe A: 1 Randmasche, 1 Masche mit dem Umschlag links zusammenstricken, 1 Masche mit 1 Umschlag links abheben im Wechsel, enden mit 1 Masche mit dem Umschlag links zusammenstricken und 1 Randmasche. Das Strickstück wenden.

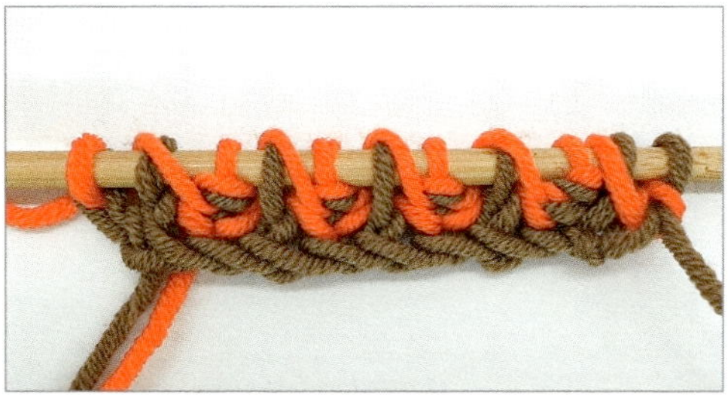

3. Reihe = Hinreihe – Farbe B: 1 Randmasche, 1 Masche mit 1 Umschlag links abheben, 1 Masche mit dem Umschlag links zusammenstricken im Wechsel, enden mit 1 Masche mit 1 Umschlag links abheben und 1 Randmasche. Das Strickstück an das andere Ende der Nadel schieben.

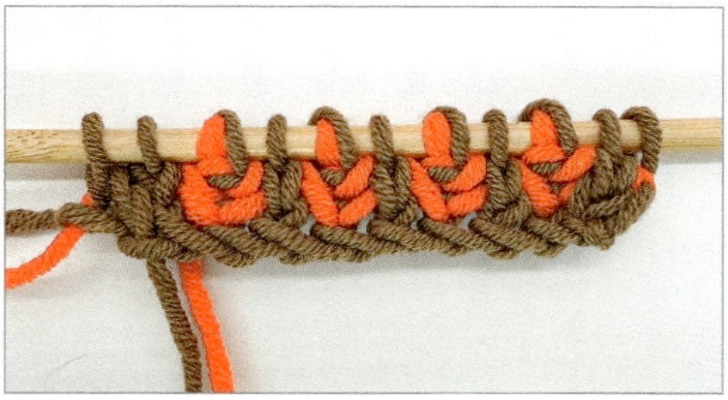

4. Reihe = Hinreihe – Farbe A: 1 Randmasche, 1 Masche mit dem Umschlag rechts zusammenstricken, 1 Masche mit 1 Umschlag links abheben im Wechsel, enden mit 1 Masche mit dem Umschlag rechts zusammenstricken und 1 Randmasche. Das Strickstück wenden.

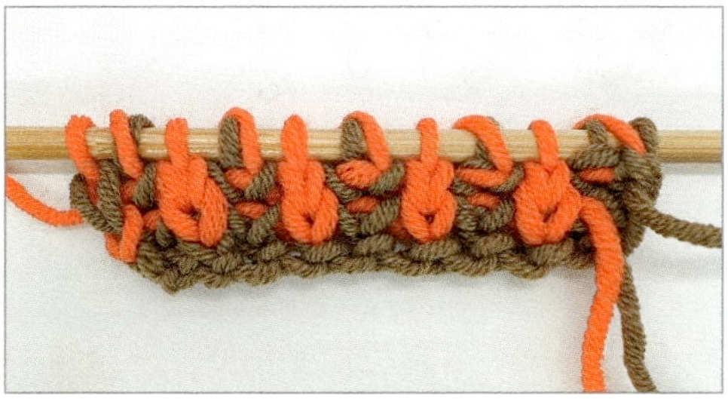

5. Reihe = Rückreihe – Farbe B: 1 Randmasche, 1 Masche mit 1 Umschlag links abheben, 1 Masche mit dem Umschlag rechts zusammenstricken im Wechsel, enden mit 1 Masche mit 1 Umschlag links abheben und 1 Randmasche. Das Strickstück an das andere Ende der Nadel schieben.

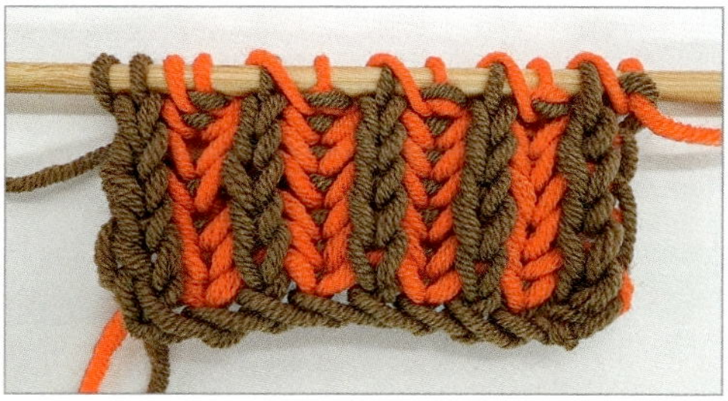

Die **2.–5. Reihe** stets wiederholen.

WORKSHOP

ZWEIFARBIGES RELIEF-PATENT IN RUNDEN

Es wird gleichzeitig mit 2 Farben mit einer Rundstricknadel gestrickt. Farbe A = Grundfarbe, Farbe B = Kontrastfarbe. Nach jeder Runde wird die Farbe gewechselt. Der Arbeitsfaden der jeweils anderen Farbe wird hinter die Arbeit gelegt, die Fäden werden nicht miteinander verkreuzt.

Strickschrift

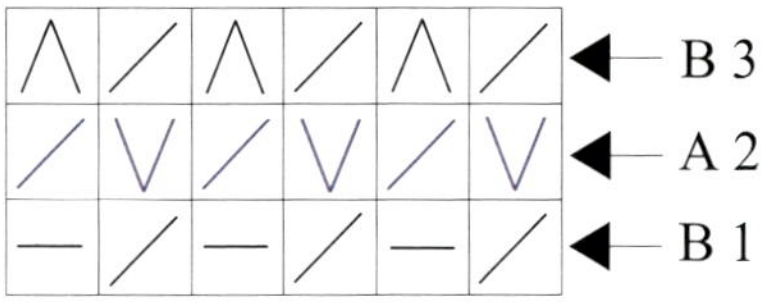

Zeichenerklärung
Siehe Umschlagklappe hinten.

→ = Strickrichtung

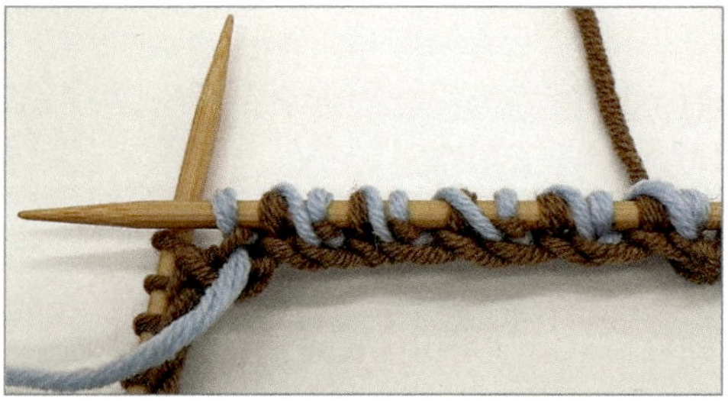

Anschlag und Rundenschluss – Farbe A: 1 Masche mehr anschlagen als in der Anleitung angegeben, die letzte angeschlagene Masche auf die linke Nadel nehmen, 2 Maschen rechts verschränkt zusammenstricken und so die Arbeit zur Runde schließen = gerade Maschenanzahl.
1. Runde – Farbe B: 1 Masche mit 1 Umschlag links abheben, 1 Masche links im Wechsel.

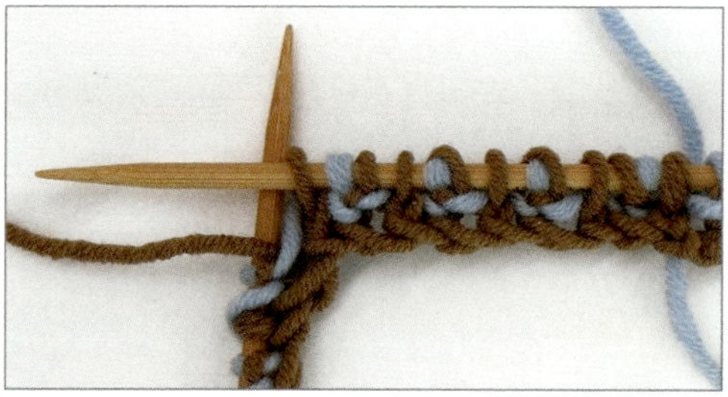

2. Runde – Farbe A: 1 Masche mit dem Umschlag rechts zusammenstricken, 1 Masche mit 1 Umschlag links abheben im Wechsel.

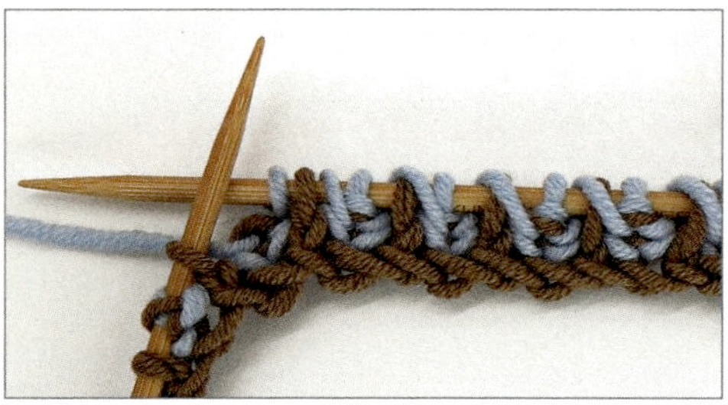

3. Runde – Farbe B: 1 Masche mit 1 Umschlag links abheben, 1 Masche mit dem Umschlag links zusammenstricken im Wechsel.

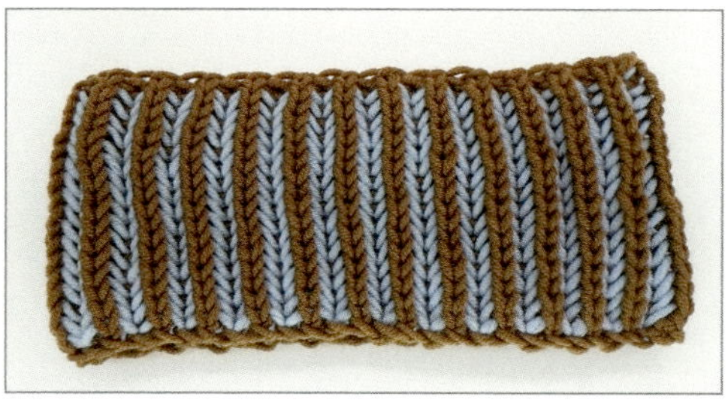

Die **2. und 3. Runde** stets wiederholen.

EINFARBIGES RELIEF-PATENT MIT PASPELRAND

Das Patentmuster wird in Hin- und Rückreihen laut Strickschrift gearbeitet. Anstellte der Randmaschen wird beidseitig ein Paspelrand mit jeweils 3 Maschen (grau unterlegt) gestrickt.

Strickschrift

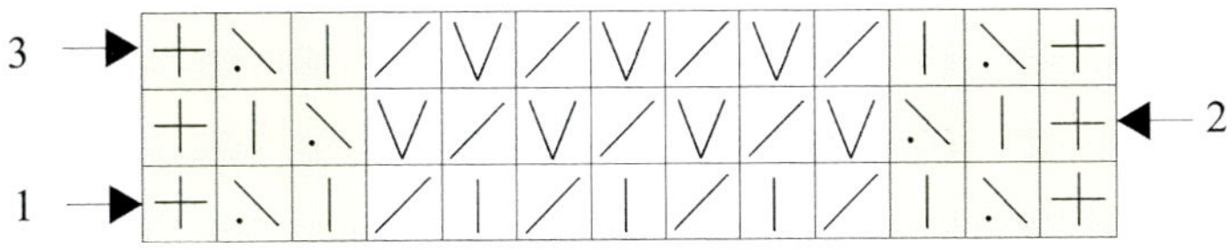

Zeichenerklärung
Siehe Umschlagklappe hinten.

▶ = Strickrichtung

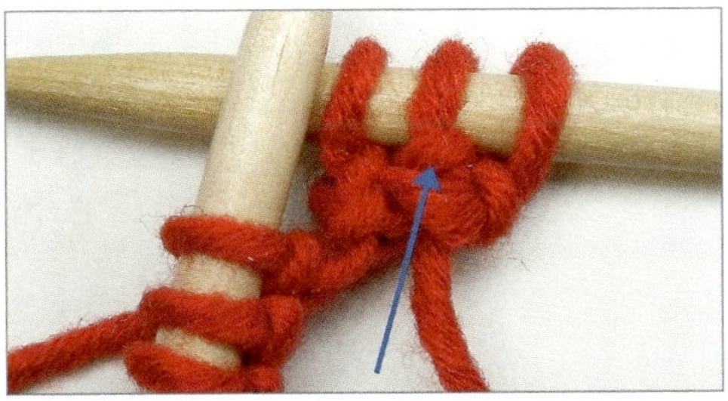

1. Reihe (Rückreihe) – Reihenanfang:
1 Masche wie zum Linksstricken abheben, der Faden liegt dabei vor der Arbeit, 1 Masche wie zum Linksstricken abheben, der Faden liegt dabei vor der abgehobenen Masche (siehe Pfeil), und 1 Masche rechts stricken. Im jeweiligen Muster bis zur drittletzten Masche stricken.

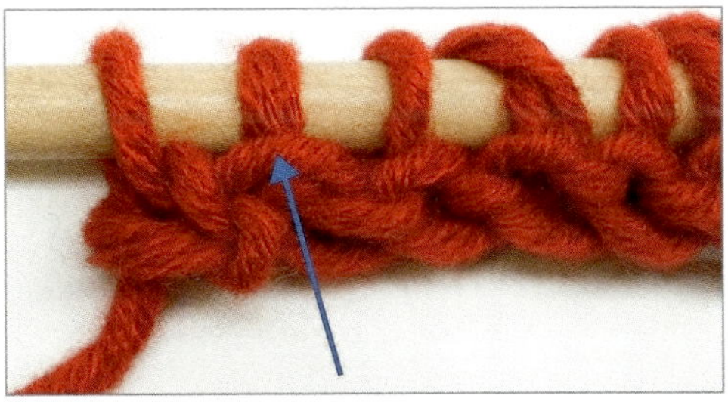

Reihenende: Die drittletzte Masche rechts stricken, 1 Masche wie zum Linksstricken abheben, der Faden liegt dabei vor der abgehobenen Masche (siehe Pfeil), und 1 Masche rechts stricken.

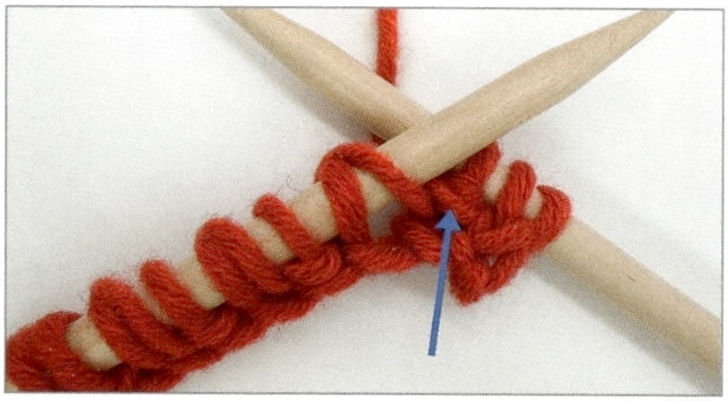

2. Reihe (Hinreihe) – Reihenanfang:
1 Masche wie zum Linksstricken abheben, der Faden liegt dabei vor der Arbeit, 1 Masche rechts stricken, 1 Masche wie zum Linksstricken abheben, der Faden liegt dabei vor der abgehobenen Masche (siehe Pfeil). Im jeweiligen Muster bis zur drittletzten Masche stricken.

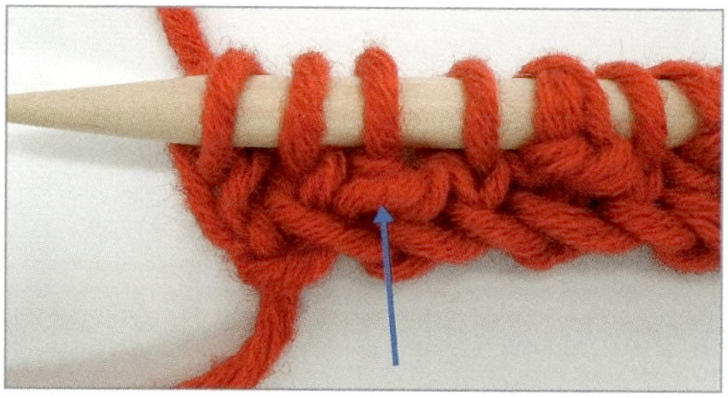

Reihenende: Die drittletzte Masche wie zum Linksstricken abheben, der Faden liegt dabei vor der Masche (siehe Pfeil), 2 Maschen rechts stricken.

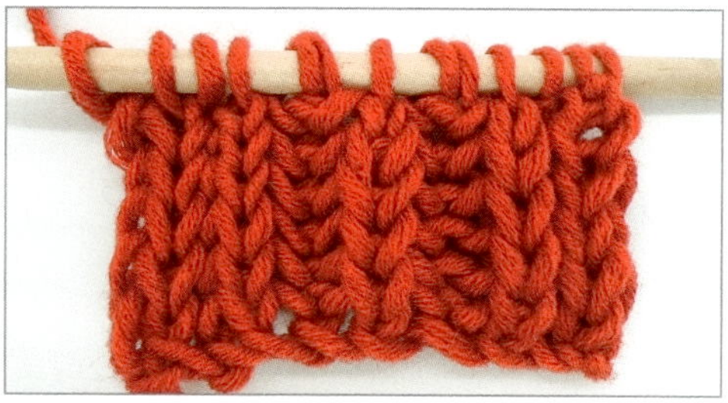

Die **1. und 2 Reihe** stets wiederholen.

WORKSHOP
RELIEF-PATENT MUSTER

Aus 1 Masche insgesamt 3 Maschen herausstricken

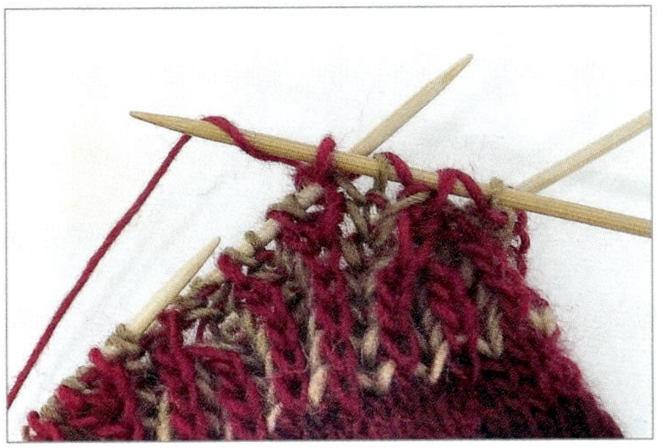

1 Masche rechts stricken, dabei die Masche nicht von der linken Nadel gleiten lassen, 1 Umschlag auf die Nadel legen, …

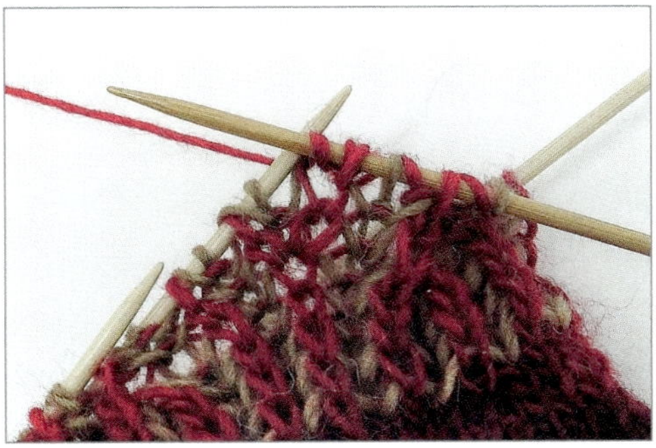

… nochmals in die Masche einstechen, den Faden holen und dann die Masche von der Nadel gleiten lassen.

Aus 1 Masche insgesamt 5 Maschen herausstricken

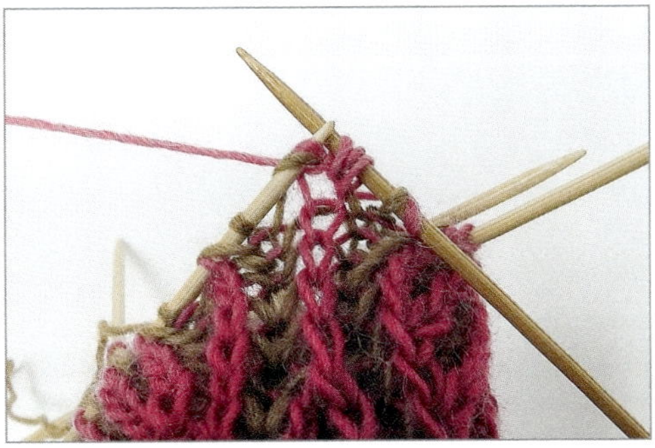

Genauso arbeiten, als wenn man 3 Maschen aus 1 Masche herausstrickt, jedoch die Masche nicht von der linken Nadel gleiten lassen, …

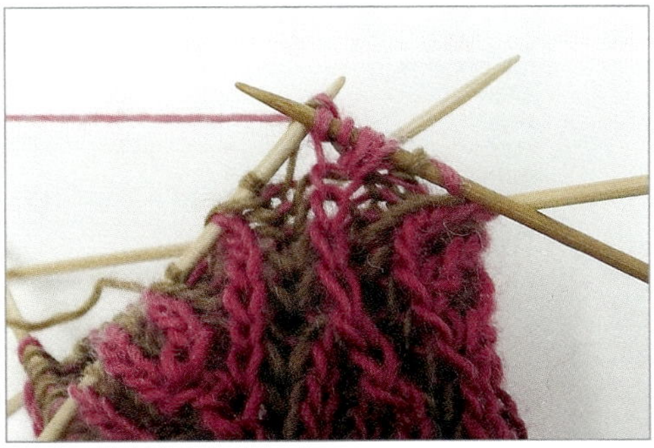

… nochmals 1 Umschlag auf die Nadel legen, in die Masche einstechen, den Faden holen und dann die Masche von der Nadel gleiten lassen.

3 Maschen rechts zusammenstricken

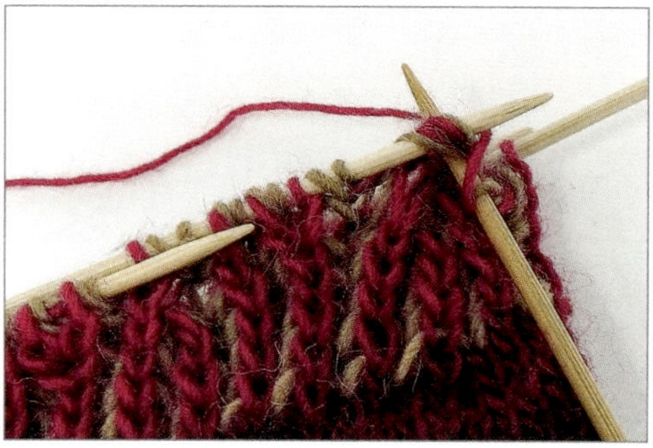

In die 3 Maschen mit den 2 Umschlägen (also insgesamt 5 Schlingen) einstechen und den Faden durchholen.

3 Maschen überzogen zusammenstricken

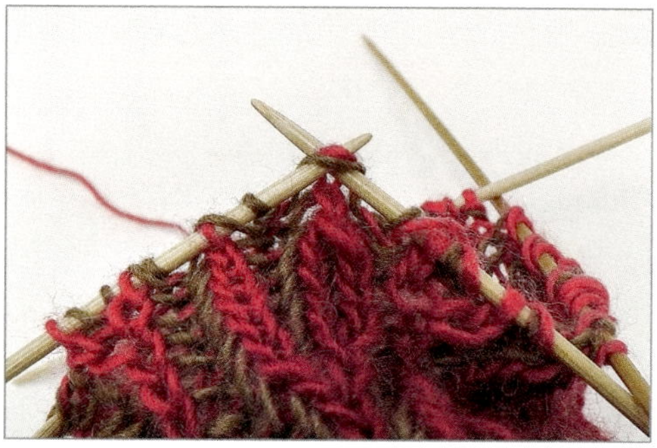

Die 1. Masche mit dem Umschlag wie zum Rechtsstricken abheben, …

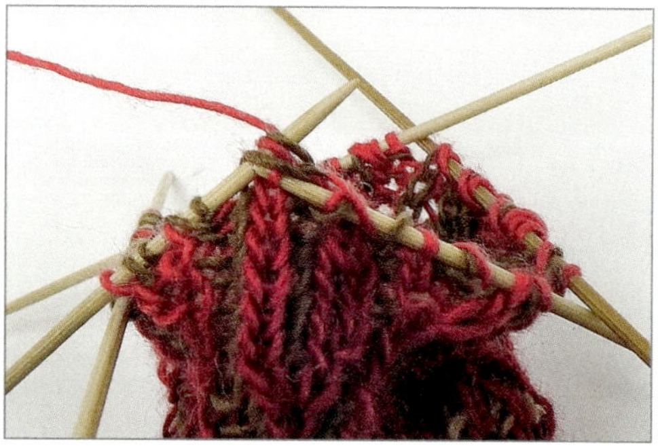

… die folgenden 2 Maschen mit dem Umschlag rechts zusammenstricken, …

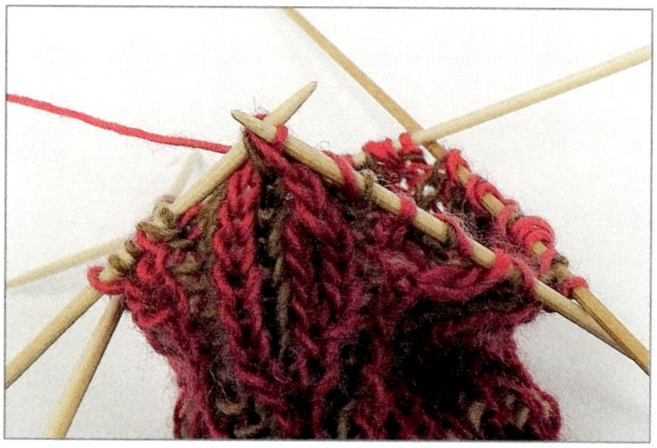

… dann die abgehobene Masche mit dem Umschlag darüberziehen.

5 Maschen überzogen zusammenstricken

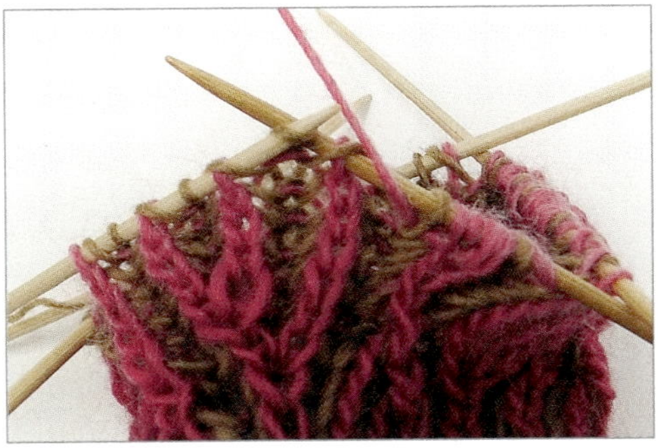

Die 1. Masche mit dem Umschlag wie zum Rechtsstricken abheben, dann auch die 2. Masche wie zum Rechtsstricken abheben, …

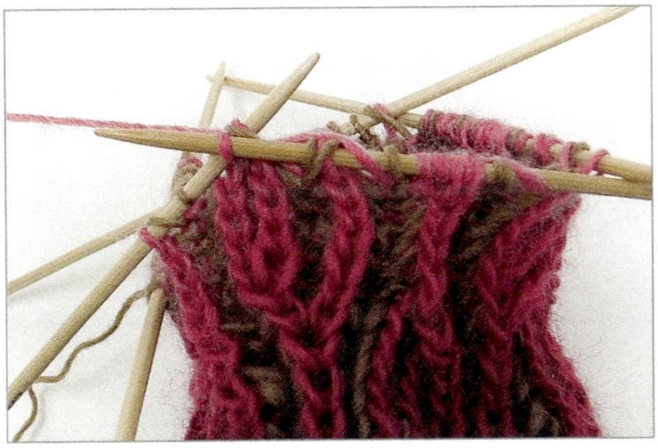

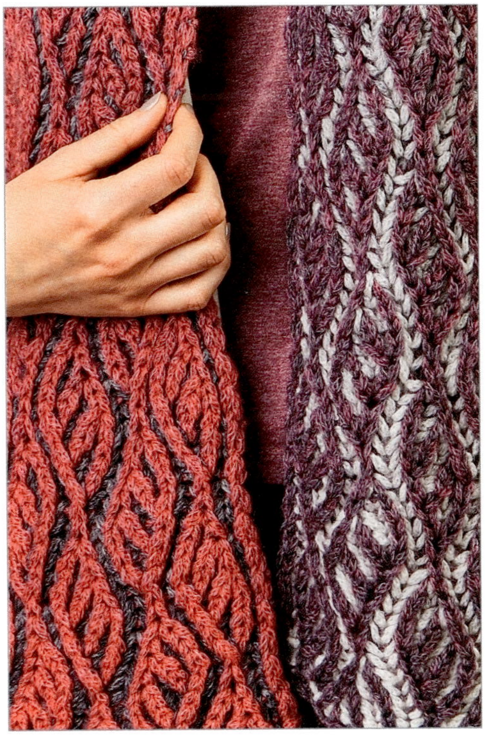

… die nächsten 3 Maschen mit den 2 Umschlägen rechts zusammenstricken, …

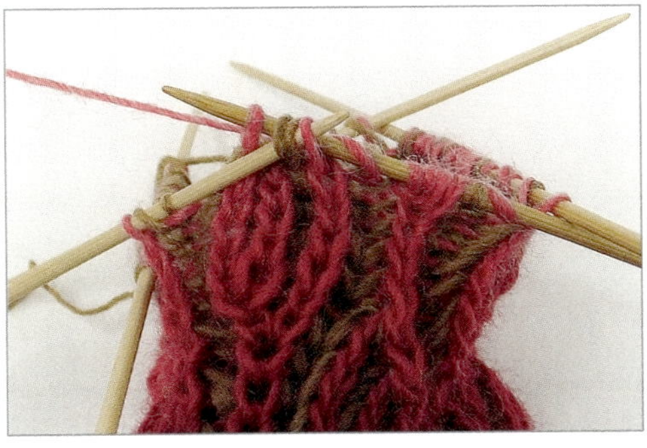

… dann die 2 abgehobenen Maschen darüberziehen.

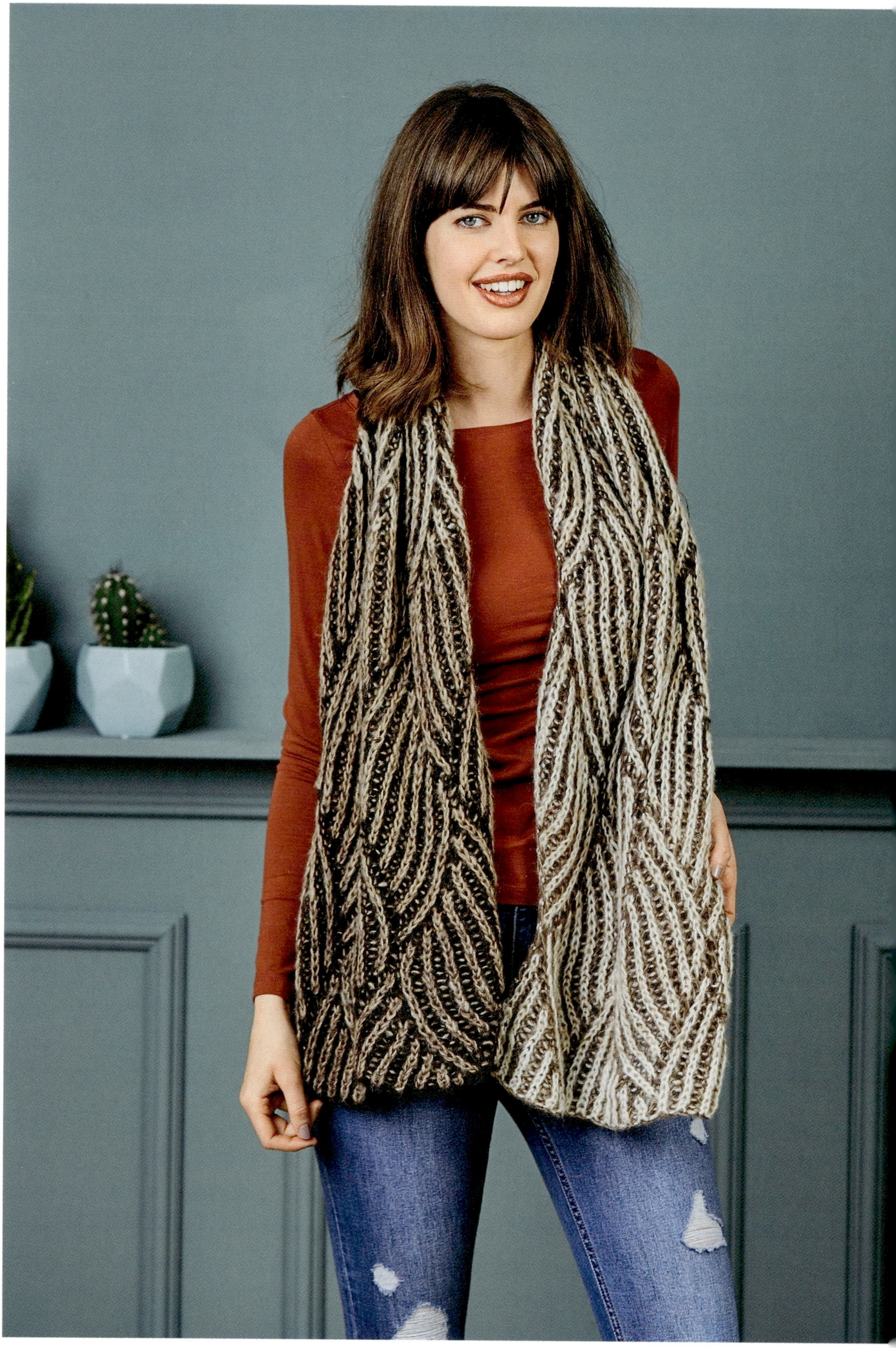

SCHAL
Schokotraum

Größe: 160 x 40 cm

MATERIAL

- Woolly Hugs BOBBEL MOHAIR (45 % Polyacryl, 40 % Polyamid, 15 % Mohair, Lauflänge ca. 500 m/150 g) von L & K (www.VeronikaHug.com): 1 BOBBEL (Farbe 201)
- 1 Rundstricknadel Nr. 6,5

Muster

Randmaschen: Die 1. Masche wie zum Linksstricken abheben, der Faden liegt vor der Arbeit. Die letzte Masche rechts stricken.

Relief-Patentmuster in Reihen: Die Maschenzahl muss in der 1.–3. Reihe durch 16 teilbar sein plus 15 Maschen, damit das Muster links und rechts aufgeht, plus 2 Randmaschen. Ab der 4. Reihe muss die Maschenzahl durch 18 teilbar sein plus 17 Maschen, damit das Muster links und rechts aufgeht, plus 2 Randmaschen. Laut Strickschrift in Reihen arbeiten. Es ist nur jede 4. Reihe gezeichnet. Alle anderen Reihen laut Workshop „Zweifarbiges Relief-Patent in Reihen", Seite 6, stricken.

Vorbereitung: Den BOBBEL von innen bis zur Hälfte abwickeln, bis man 2 gleich schwere Knäuel hat (wiegen). Für Farbe A den BOBBEL von außen und für Farbe B das abgewickelte Knäuel abstricken.

Maschenprobe

14,5 Maschen x 20 Reihen = 10 x 10 cm

Strickschrift

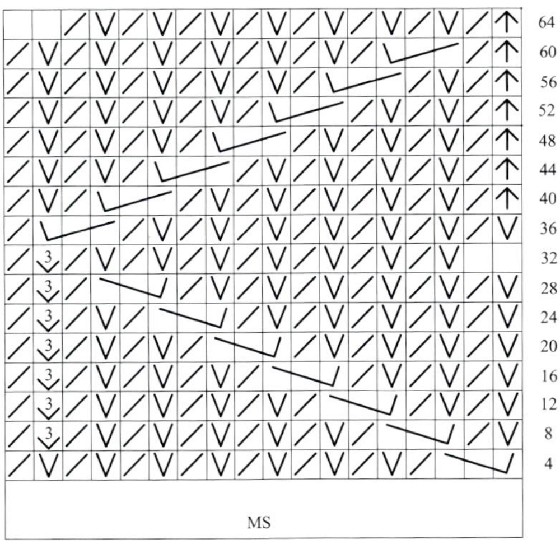

SO WIRD´S GEMACHT

49 Maschen in Farbe A anschlagen und 3 Reihen im Relief-Patentmuster stricken. Ab der 4. Reihe laut Strickschrift arbeiten und in jedem Mustersatz (MS) 2 Maschen zunehmen = 55 Maschen. Es ist nur der Mustersatz (MS) gezeichnet. Mit 1 Randmasche vor dem MS beginnen, den MS 2x stricken, den 3. MS bis zur 17. Masche stricken und die letzte Masche als Randmasche stricken. Die 2.–65. Reihe stets wiederholen, bis beide Knäuel fast aufgebraucht sind. Dann in Farbe A alle Maschen locker abketten.

Zeichenerklärung

Siehe Umschlagklappe hinten.

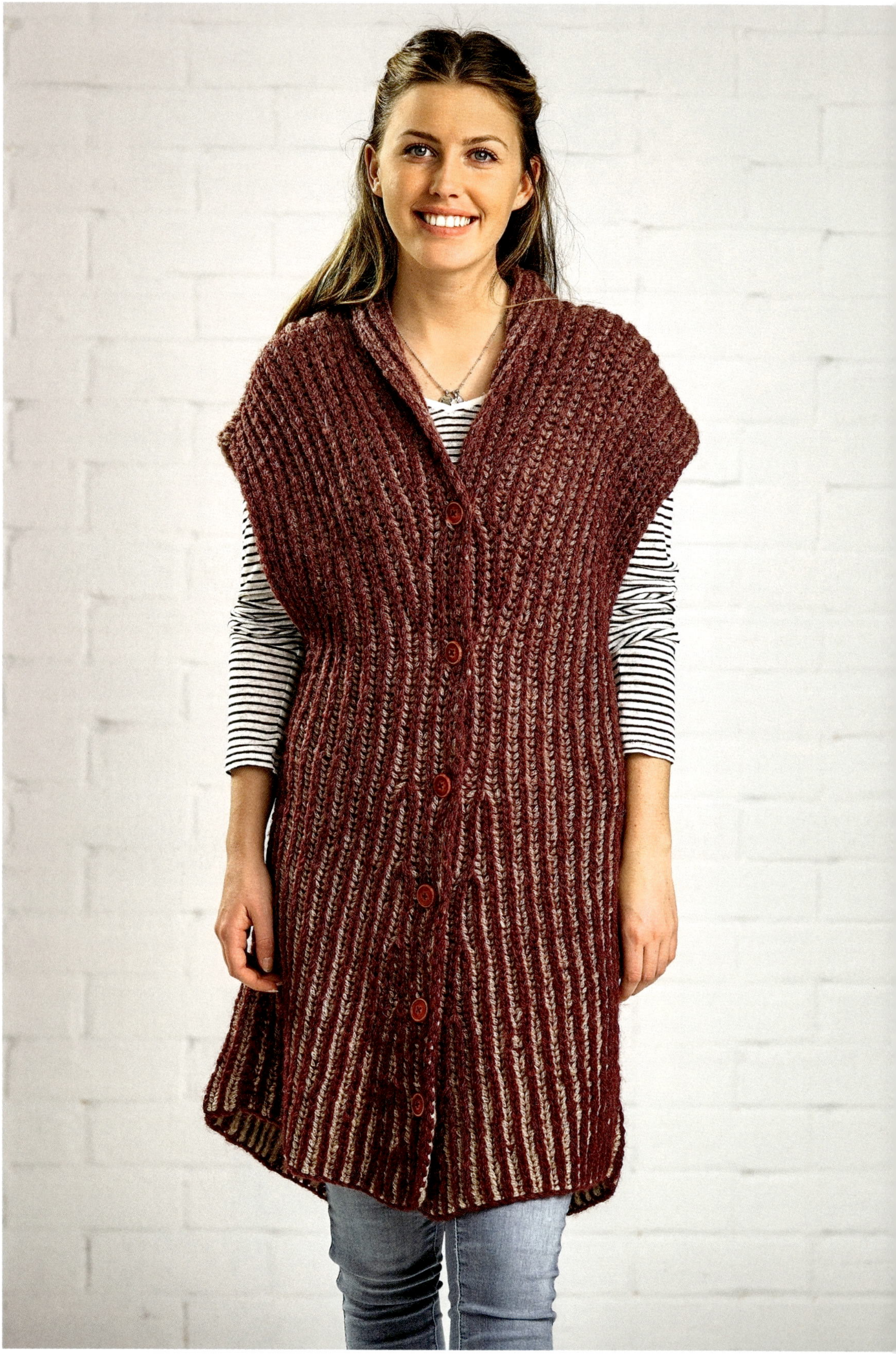

LONGWESTE
Vino

Größe: 38/40 (42/44) 46/48

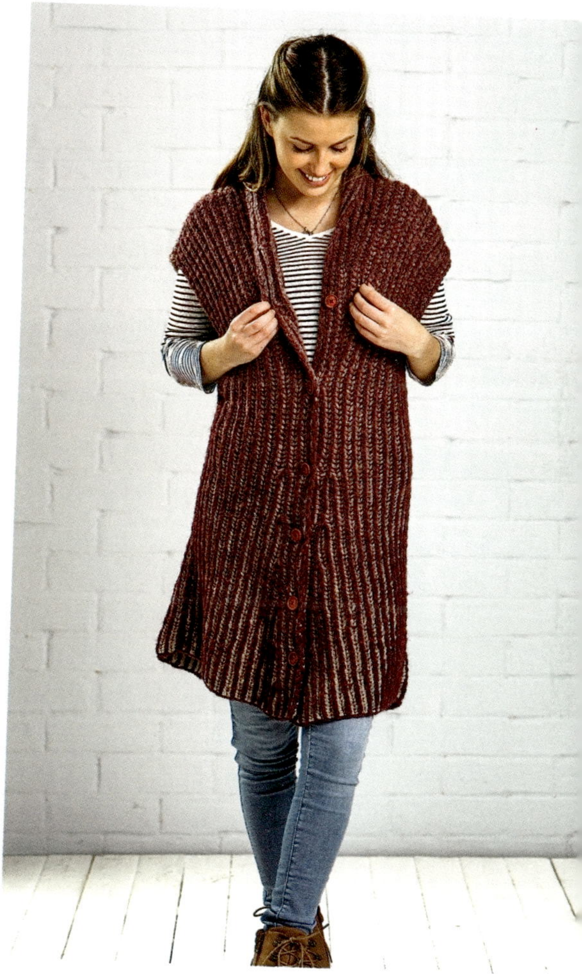

MATERIAL

- Woolly Hugs CLOUD (94 % Schurwolle Merino, 6 % Polyamid, Lauflänge ca. 300 m/100 g) von L&K (www.VeronikaHug.com): 400 (400) 600 g Weinrot-Beige (Farbe 187)
- 6 Holzknöpfe, Ø 22 mm
- 1 Rundstricknadel Nr. 6
- 2 Maschenmarkierer

Muster

Randmaschen: Die 1. Masche wie zum Linksstricken abheben, der Faden liegt vor der Arbeit. Die letzte Masche rechts stricken.
Relief-Patentmuster: Laut Workshop „Zweifarbiges Relief-Patent in Reihen", Seite 6, arbeiten. Bei Größe 38/40 und 42/44 für jedes Vorderteil 1 Knäuel gleichzeitig von außen (= Farbe A) und von innen (= Farbe B) abstricken. Bei Größe 46/48 für jedes Vorderteil je 1 Knäuel von außen (= Farbe A) und 1 Knäuel von innen (= Farbe B) abstricken. Für das Rückenteil bei allen Größen je 1 Knäuel von außen (= Farbe A) und 1 Knäuel von innen (= Farbe B) abstricken.

Maschenprobe

11 Maschen x 31 Reihen = 10 x 10 cm

SO WIRD´S GEMACHT

Das **linke Vorderteil** an der unteren Kante beginnen und 41 (43) 45 Maschen in Farbe A anschlagen. Im Relief-Patentmuster stricken – die letzten 8 Maschen auf der Nadel bilden die vordere Blende. Die 34. (36.) 38. Masche markieren und für die seitliche Schräge 6 x in jeder 20. Reihe die markierte Masche mit den 2 Maschen rechts der Markierung rechts zusammenstricken = 29 (31) 33 Maschen. Nach 42 cm ab Anschlag für die Seitenschräge 5 x in jeder 18. Reihe 3 Maschen aus 1 Masche herausstricken. Hierfür 1 Masche rechts, 1 Umschlag und 1 Masche rechts in die markierte Masche stricken = 39 (41) 43 Maschen.

Nach 86,5 cm ab Anschlag 22 (24) 26 Maschen an der Schulter abketten und für den Kragen über die restlichen 17 Maschen noch 13 cm im Relief-Patentmuster stricken. Dann alle Maschen locker abketten.

Das **rechte Vorderteil** gegengleich stricken: Die ersten 8 Maschen auf der Nadel bilden die vordere Blende. Die 8. Masche markieren und 6 x in jeder 20. Reihe die markierte Masche mit den 2 Maschen links der Markierung überzogen zusammenstricken. Hierfür die markierte Masche mit dem Umschlag abheben, die nächsten 2 Maschen rechts zusammenstricken und die abgehobene Masche mit dem Umschlag darüberziehen. Zusätzlich an der vorderen Blende die Knopflöcher einstricken. Hierfür 6 x in jeder 30. Reihe die 4. und 5. Masche überzogen zusammenstricken und 1 Umschlag auf die Nadel nehmen. In der Rückreihe den Umschlag rechts stricken.

Das **Rückenteil** an der unteren Kante beginnen und 75 (79) 83 Maschen in Farbe A anschlagen und im Relief-Patentmuster stricken. Die mittleren 9 Maschen bilden die mittlere Blende. Die 34. (36.) 38. und 42. (44.) 46. Masche für die Zu- und Abnahmen markieren. An der 1. Markierung 6 x in jeder 20. Reihen die markierte Masche mit den 2 Maschen rechts der Markierung rechts zusammenstricken und an der 2. Markierung die markierte Masche mit den 2 Maschen links der Markierung überzogen zusammenstricken = 51 (55) 59 Maschen. Nach 42 cm ab Anschlag für die Seitenschrägen an beiden Markierungen 5 x in jeder 18. Reihe 3 Maschen aus 1 Masche herausstricken = 71 (75) 79 Maschen. Nach 80 cm ab Anschlag für den Halsausschnitt die mittleren 27 Maschen abketten und beide Seiten getrennt beenden. Je Seite über 22 (24) 26 Maschen noch 6,5 cm stricken, dann alle Maschen locker abketten.

Fertigstellung: Schulternähte und hintere Kragennaht schließen. Den Kragen an den hinteren Halsausschnitt annähen. Die Seitennähte schließen und die oberen 26,5 cm als Ärmelöffnung offen lassen. Knöpfe annähen.

Schnittmuster

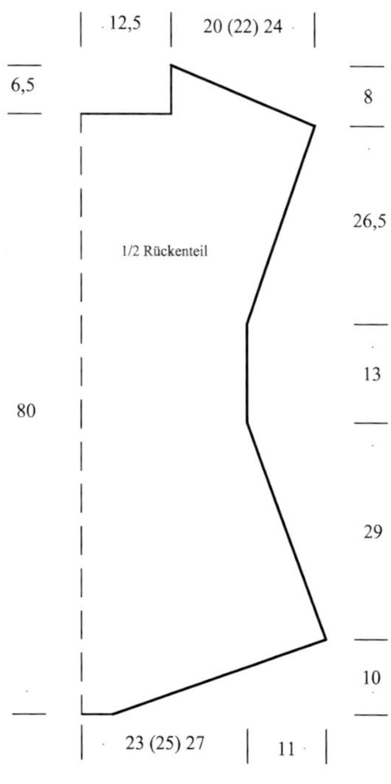

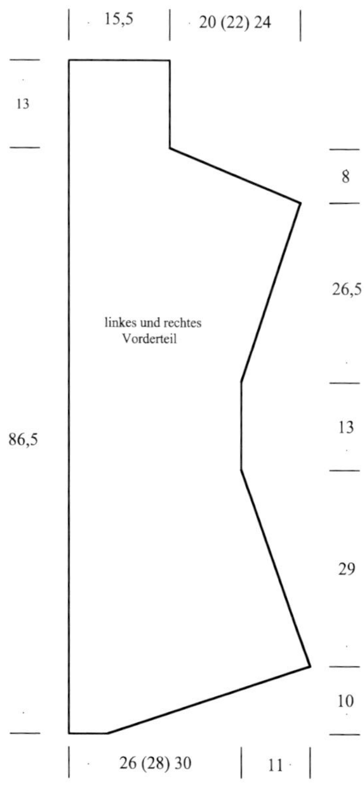

ÜBERWURF

Immergrün

Größe: 38–44

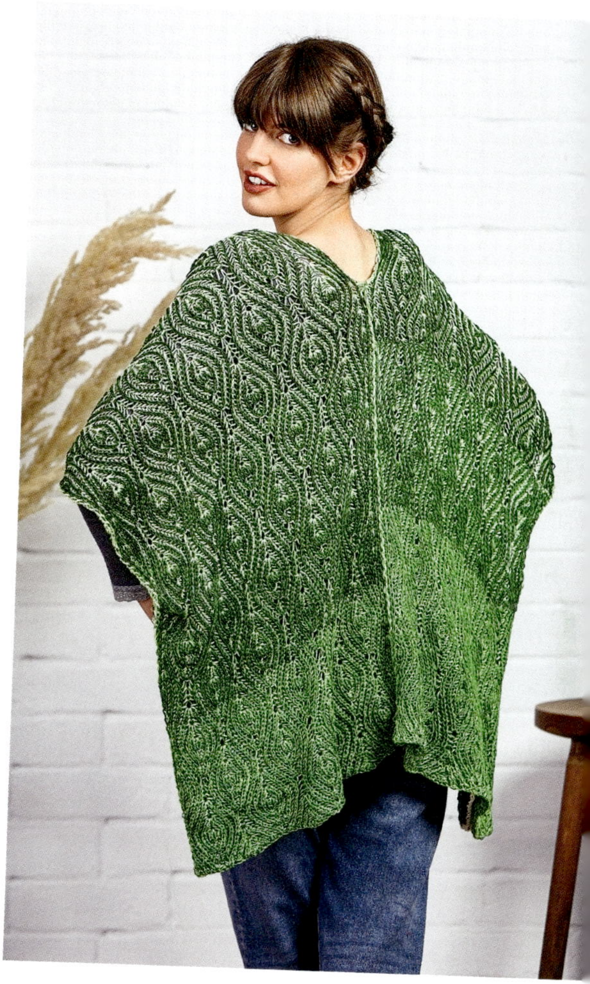

MATERIAL

- Woolly Hugs BOBBEL COTTON (50 % Baumwolle, 50 % Polyacryl, Lauflänge ca. 800 m/200 g) von L&K (www.VeronikaHug.com): 2 BOBBEL (Farbe 30)
- 1 Rundstricknadel Nr. 3,5
- 1 Hilfsnadel Nr. 3,5

Muster

Randmaschen: Die 1. Masche wie zum Linksstricken abheben, der Faden liegt vor der Arbeit. Die letzte Masche rechts stricken.

Relief-Patentmuster: Die Maschenzahl muss durch 16 teilbar sein plus 5 zusätzliche Maschen, damit das Muster links und rechts aufgeht, plus 2 Randmaschen. Laut Strickschrift in Reihen arbeiten. Es ist nur jede 4. Reihe gezeichnet. Alle anderen Reihen laut Workshop „Zweifarbiges Relief-Patent in Reihen", Seite 6, stricken. Als Farbe A 1 BOBBEL von außen und als Farbe B 1 BOBBEL von innen abstricken. Mit den Maschen vor dem Mustersatz (MS) beginnen, den Mustersatz stets wiederholen und enden mit den Maschen nach dem MS.

Maschenprobe

15 Maschen x 32 Reihen = 10 x 10 cm

SO WIRD´S GEMACHT

Das **linke Seitenteil** an der unteren Kante beginnen und 87 Maschen in Farbe A anschlagen. Im Relief-Patentmuster in Reihen laut Strickschrift stricken. Die 2.–49. Reihe (= Mustersatz für die Höhe) so oft wiederholen, bis jeweils die Hälfte der BOBBEL aufgebraucht ist.

Das **rechte Seitenteil** genauso arbeiten, dabei die BOBBEL entgegengesetzt abstricken.

Fertigstellung: Die rückwärtige Mittelnaht über 64 cm schließen, die Seitennähte beidseitig über 38 cm schließen und die oberen 38 cm als Ärmelöffnung offen lassen.

Schnittmuster

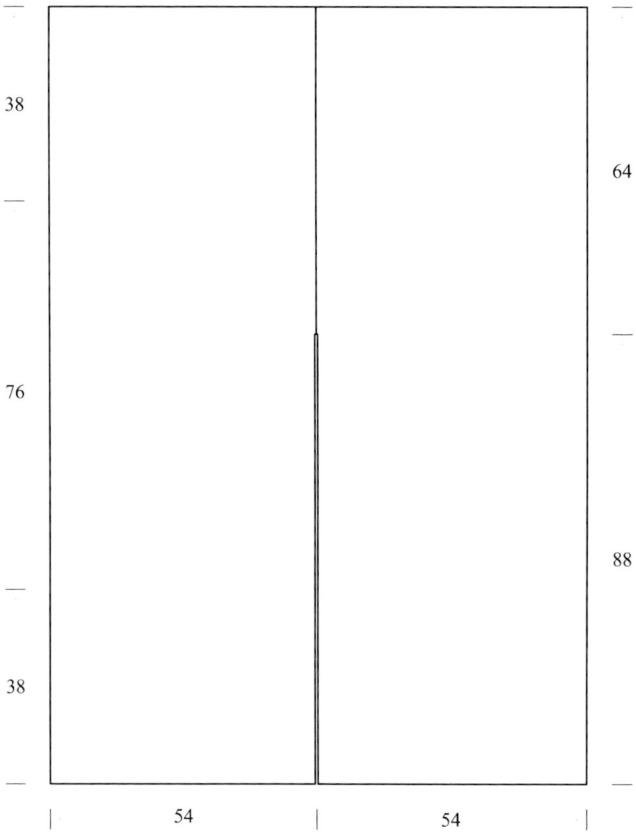

Strickschrift

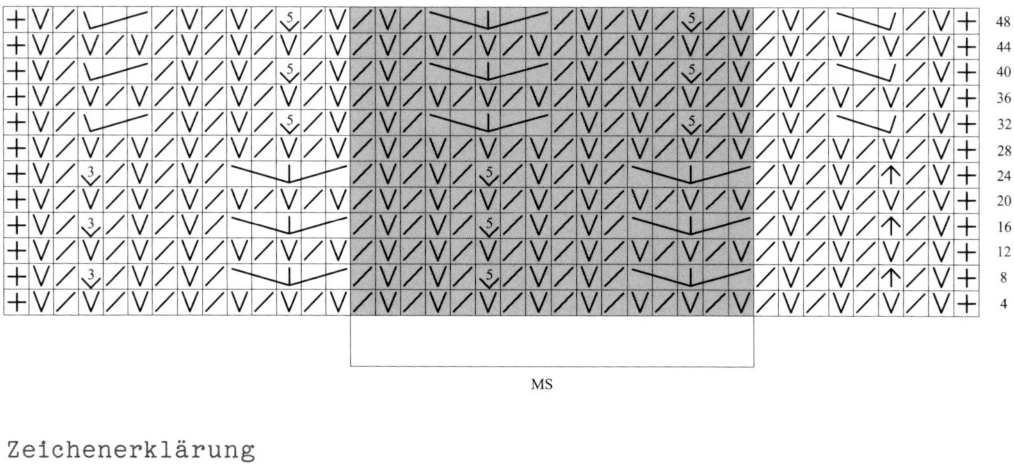

Zeichenerklärung

Siehe Umschlagklappe hinten.

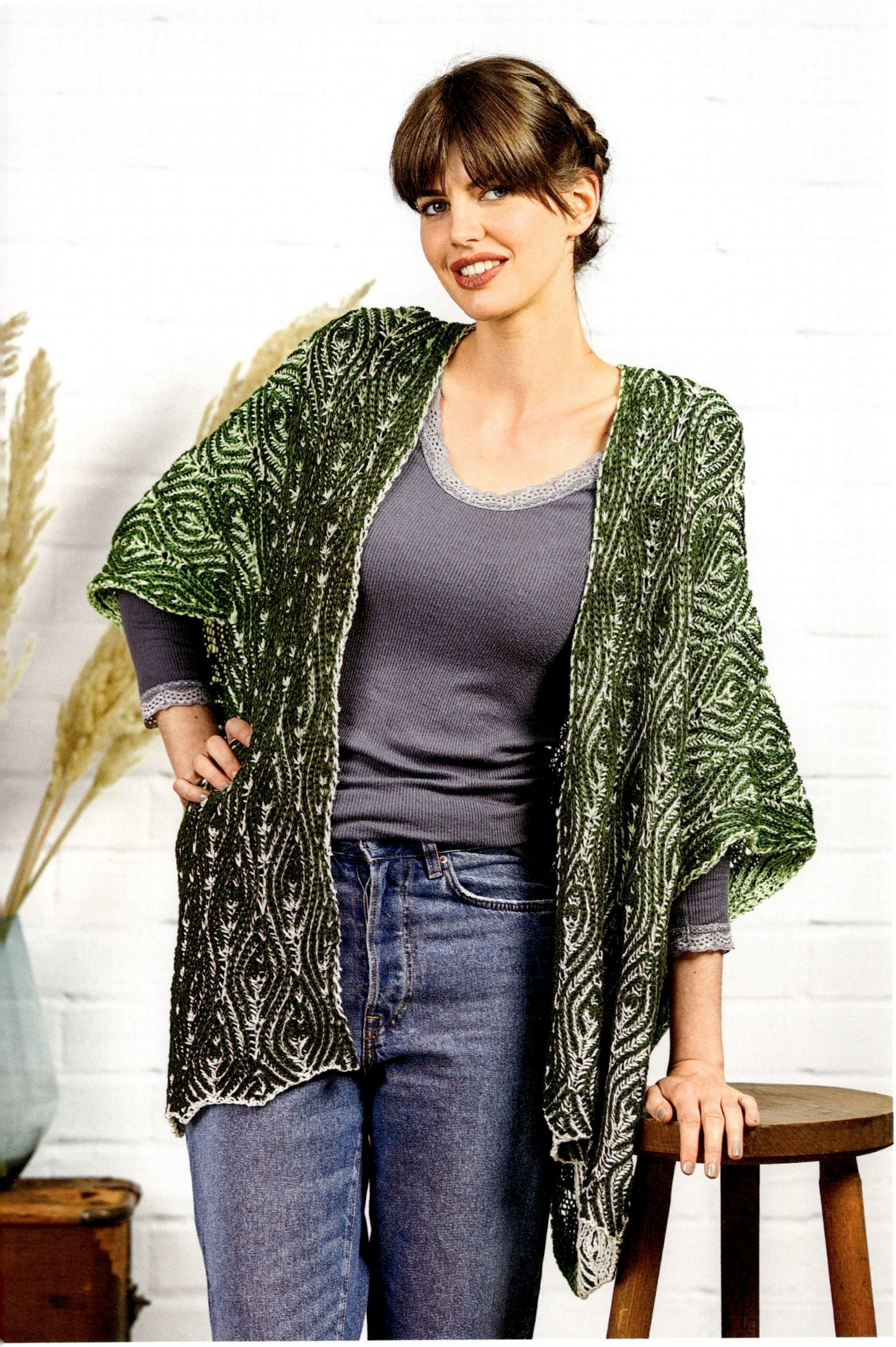

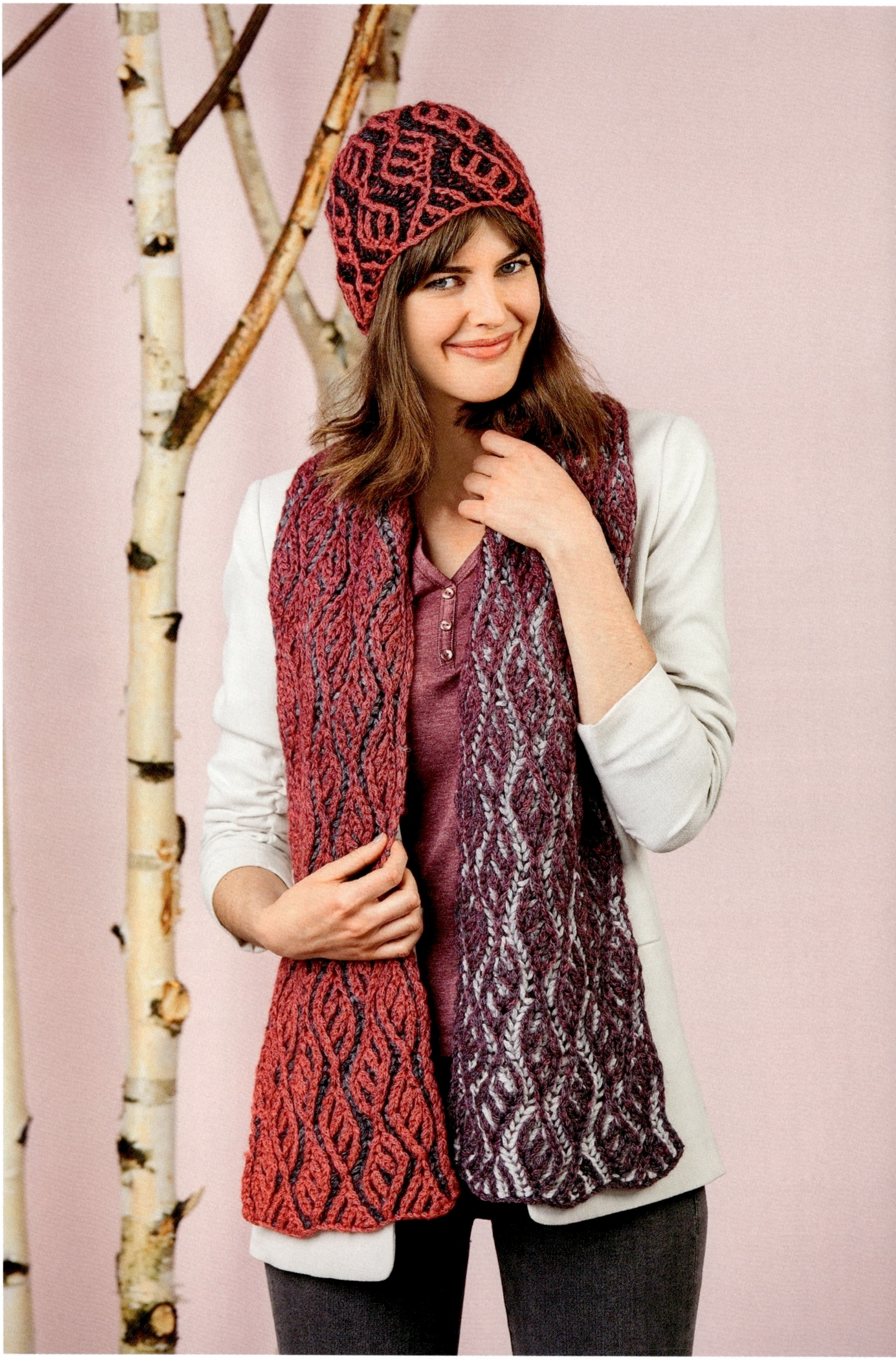

SCHAL UND MÜTZE
Firefly

Größe – Schal: 150 x 32 cm
Größe – Mütze: 54–58 cm Kopfumfang

MATERIAL

- Woolly Hugs CLOUD (94 % Schurwolle Merino, 6 % Polyamid, Lauflänge ca. 300 m/100 g) von L&K (www.VeronikaHug.com): je 100 g Rot-Grau (Farbe 188 = Farbe A) und Schwarz-Natur (Farbe 185 = Farbe B)
- 1 kurze Rundstricknadel Nr. 5–6
- 1 Nadelspiel Nr. 5–6

Muster

Randmaschen: Die 1. Masche wie zum Linksstricken abheben, der Faden liegt vor der Arbeit. Die letzte Masche rechts stricken.

Relief-Patentmuster in Reihen: Die Maschenzahl muss durch 10 teilbar sein plus 3 zusätzliche Maschen, damit das Muster links und rechts aufgeht, plus 2 Randmaschen. Laut Strickschrift 1 in Reihen arbeiten. Es ist nur jede 2. Reihe gezeichnet. Die gezeichneten Reihen mit Farbe A stricken. Alle anderen Reihen mit Farbe B laut Workshop „Zweifarbiges Relief-Patent in Reihen", Seite 6, stricken.

Relief-Patentmuster in Runden: Die Maschenzahl muss durch 10 teilbar sein. Laut Strickschrift 2 in Runden arbeiten. Es ist nur jede 2. Runde gezeichnet. Die gezeichneten Runden mit Farbe A stricken. Alle anderen Runden mit Farbe B laut Workshop „Zweifarbiges Relief-Patent in Runden", Seite 8, stricken.

Maschenprobe

11 Maschen x 26 Reihen = 10 x 10 cm

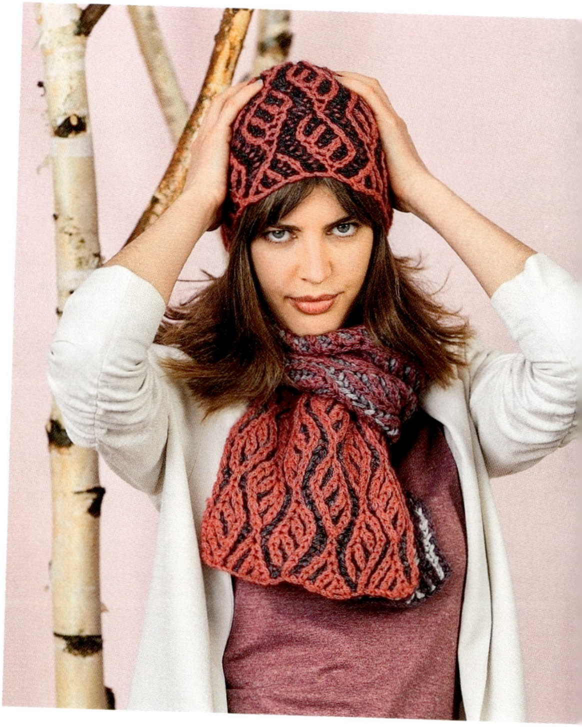

SO WIRD´S GEMACHT

Hinweis: Als Farbe A das rot-graue Knäuel von innen nach außen und als Farbe B das schwarz-naturfarbene Knäuel von außen nach innen abstricken. Mit der Mütze beginnen und den Schal im Anschluss mit gleicher Farbgebung stricken.

Mütze: Am unteren Rand beginnend 60 Maschen mit der Rundstricknadel in Farbe A anschlagen und zur Runde schließen. Laut Strickschrift 2 im Relief-Patentmuster in Runden arbeiten. Die 2.–25. Runde 2 x stricken, dann die 50.–62. Runde 1 x stricken und die

Maschen dabei auf das Nadelspiel verteilen. Die restlichen 24 Maschen mit dem Arbeitsfaden fest zusammenziehen und vernähen.

Schal: 35 Maschen mit der Rundstricknadel in Farbe A anschlagen und laut Strickschrift 1 im Relief-Patentmuster in Reihen stricken. Mit den Maschen vor dem Mustersatz (MS) beginnen, den MS 3 x wiederholen und enden mit den Maschen nach dem MS. Die 2.–25. Reihe so oft wiederholen, bis beide Knäuel fast aufgebraucht sind. Dann alle Maschen locker mit Farbe A abketten.

Strickschrift 1

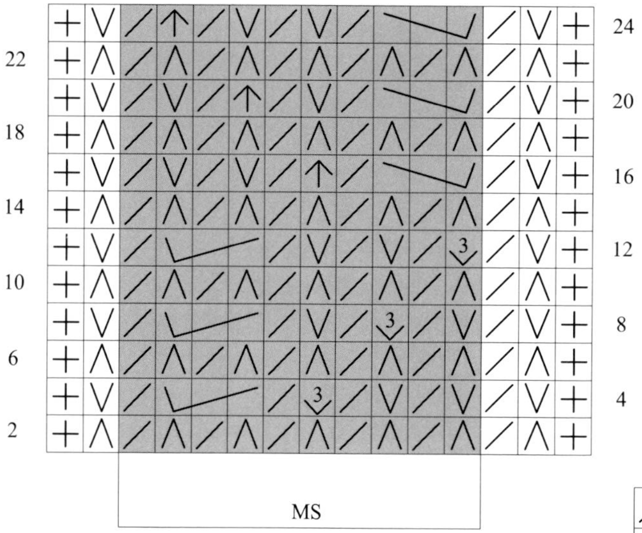

Zeichenerklärung

Siehe Umschlagklappe hinten.

Strickschrift 2

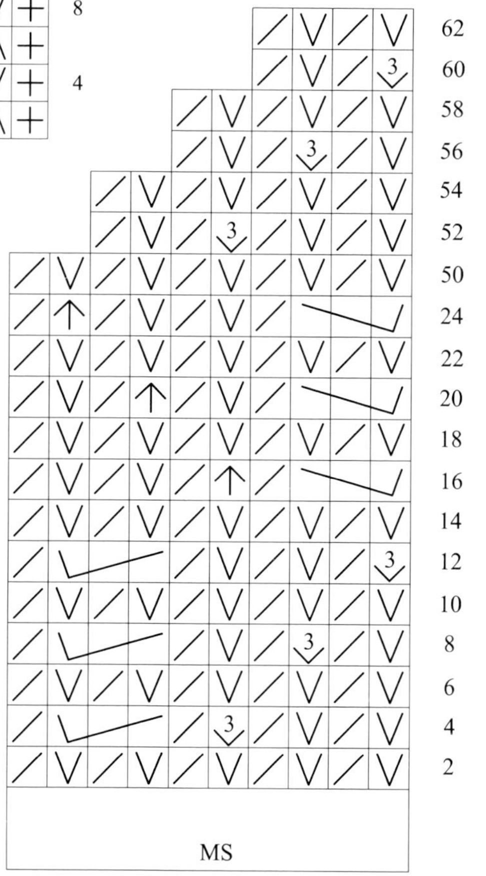

PULLI

Nachtfalter

Größe: 36/38 (42/44) 48/50

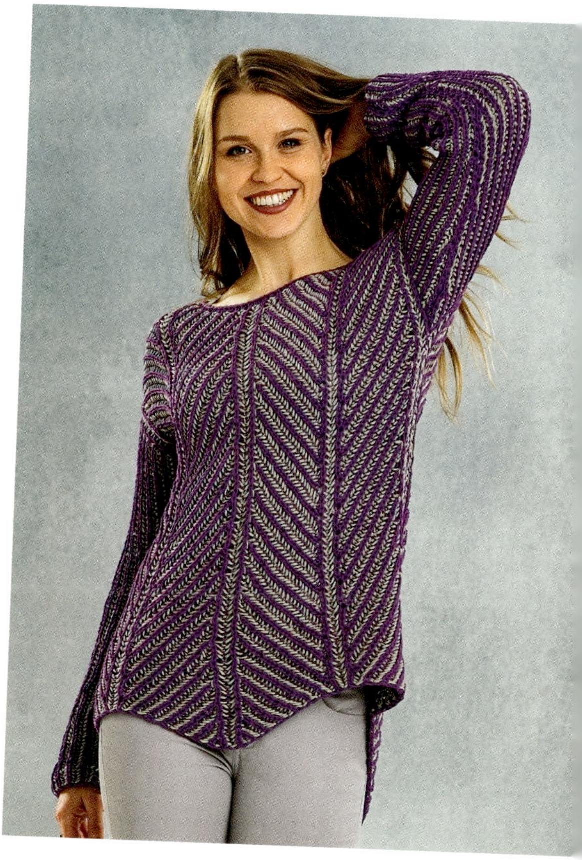

MATERIAL

- Woolly Hugs BANDY (100 % Baumwolle, Lauflänge ca. 210 m/100 g) von L&K (www.VeronikaHug.com): je 300 (350) 400 g Lila (Farbe 48 = Farbe A) und Grau (Farbe 92 = Farbe B)
- 1 Rundstricknadel Nr. 6

Muster

Randmaschen: Die 1. Masche wie zum Linksstricken abheben, der Faden liegt vor der Arbeit. Die letzte Masche rechts stricken.

Relief-Patentmuster in Reihen: Laut Workshop „Zweifarbiges Relief-Patent in Reihen", Seite 6, arbeiten. Die Maschenzahl muss durch 16 (18) 20 teilbar sein plus 3 zusätzliche Maschen, damit das Muster rechts und links aufgeht, plus 2 Randmaschen. Laut Strickschrift arbeiten. In der Breite mit den Maschen vor dem Mustersatz (MS) beginnen, dann den MS in der in der Anleitung angegebenen Reihenfolge arbeiten und mit den Maschen nach dem MS enden. An den mit Pfeilen markierten Stellen für Größe 42/44 die in den Mustersätzen farbig gekennzeichneten Maschen noch 1 x, für Größe 48/50 noch 2 x einfügen. In der Höhe die 2.–9. Reihe stets wiederholen.

Glatt rechts in Runden: Alle Maschen rechts stricken.

Maschenprobe

14,5 Maschen x 32 Reihen = 10 x 10 cm

SO WIRD´S GEMACHT

Vorder- und Rückenteil werden über die Schultern hinweg fortlaufend in einem Stück gestrickt. Beginnend an der unteren Kante des **Vorderteils** in Farbe A 69 (77) 85 Maschen anschlagen. Dann mit einer Rückreihe in Farbe B beginnend im Relief-Patentmuster laut Strickschrift in den angegebenen Farben arbeiten. Mit den Maschen vor dem MS beginnen, dann nacheinander die Mustersätze in der Reihenfolge MS 1 – MS 2 – MS 1 – MS 2 stricken und enden mit den Maschen nach dem MS. Insgesamt 52,5 (57,5) 62,5 cm stricken. Dann für den Halsausschnitt in einer Rückreihe die mitt-

leren 33 (37) 41 Maschen abketten, in der nächsten Hinreihe die Maschen wieder aufschlingen und fortlaufend das **Rückenteil** mit folgender Musteraufteilung stricken: Beginnen mit den Maschen vor dem MS, dann nacheinander die Mustersätze in der Reihenfolge MS 1 – MS 1 – MS 2 – MS 2 stricken und enden mit den Maschen nach dem MS. Nach 62,5 (68,5) 74,5 cm ab Halsausschnitt alle Maschen in einer Hinreihe mit Farbe B abketten. Am Halsausschnitt 66 (74) 81 Maschen mit Farbe A auffassen, 3 Runden glatt rechts stricken und die Maschen abketten.
Für die **Ärmel** 33 (37) 41 Maschen in Farbe A anschlagen und im Relief-Patentmuster arbeiten. Die 2.–5. Reihe stets wiederholen, dabei für die Ärmelschräge 9 x in jeder 16. Reihe beidseitig je 1 Masche zunehmen und diese in das Patentmuster einfügen = 51 (55) 59 Maschen. Nach 48 (50) 52 cm alle Maschen abketten.

Fertigstellung: Ärmel- und Seitennähte schließen und die Ärmel einsetzen.

Schnittmuster

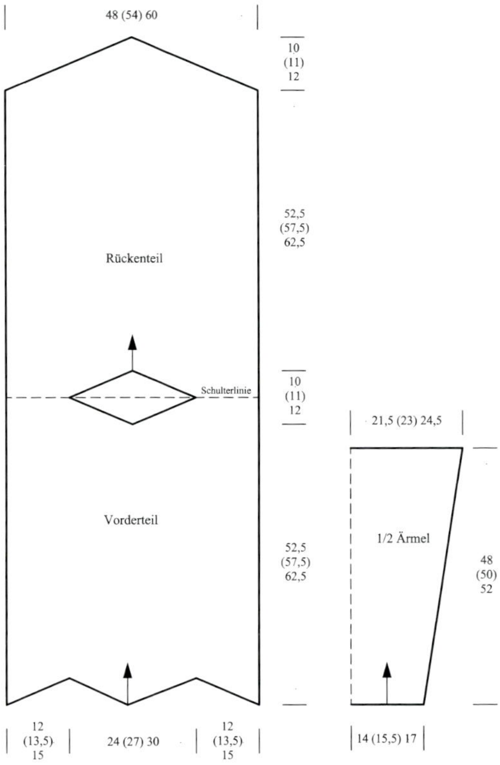

Strickschrift

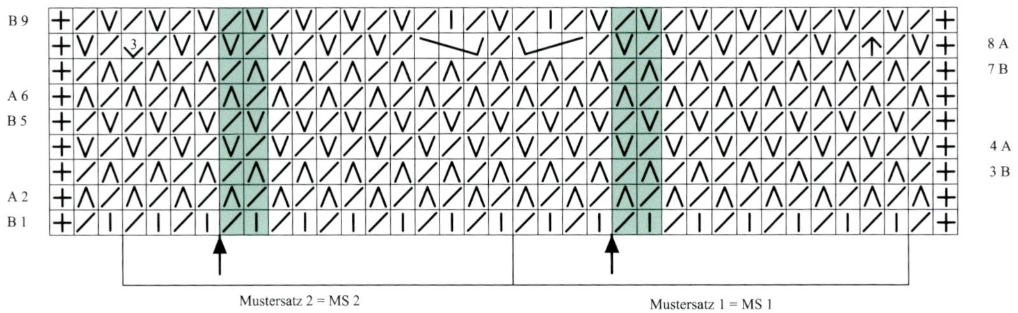

Zeichenerklärung

Siehe Umschlagklappe hinten.

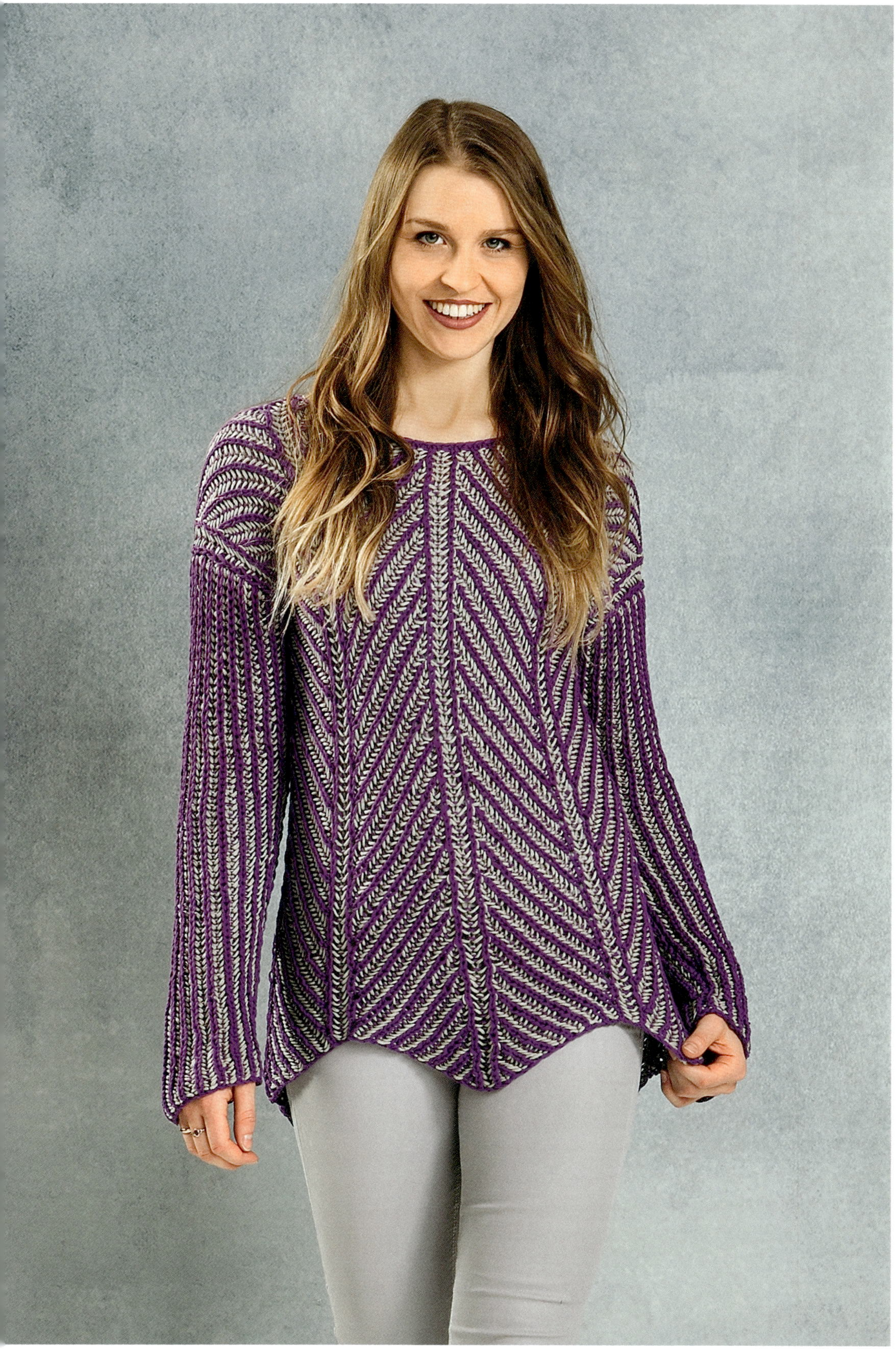

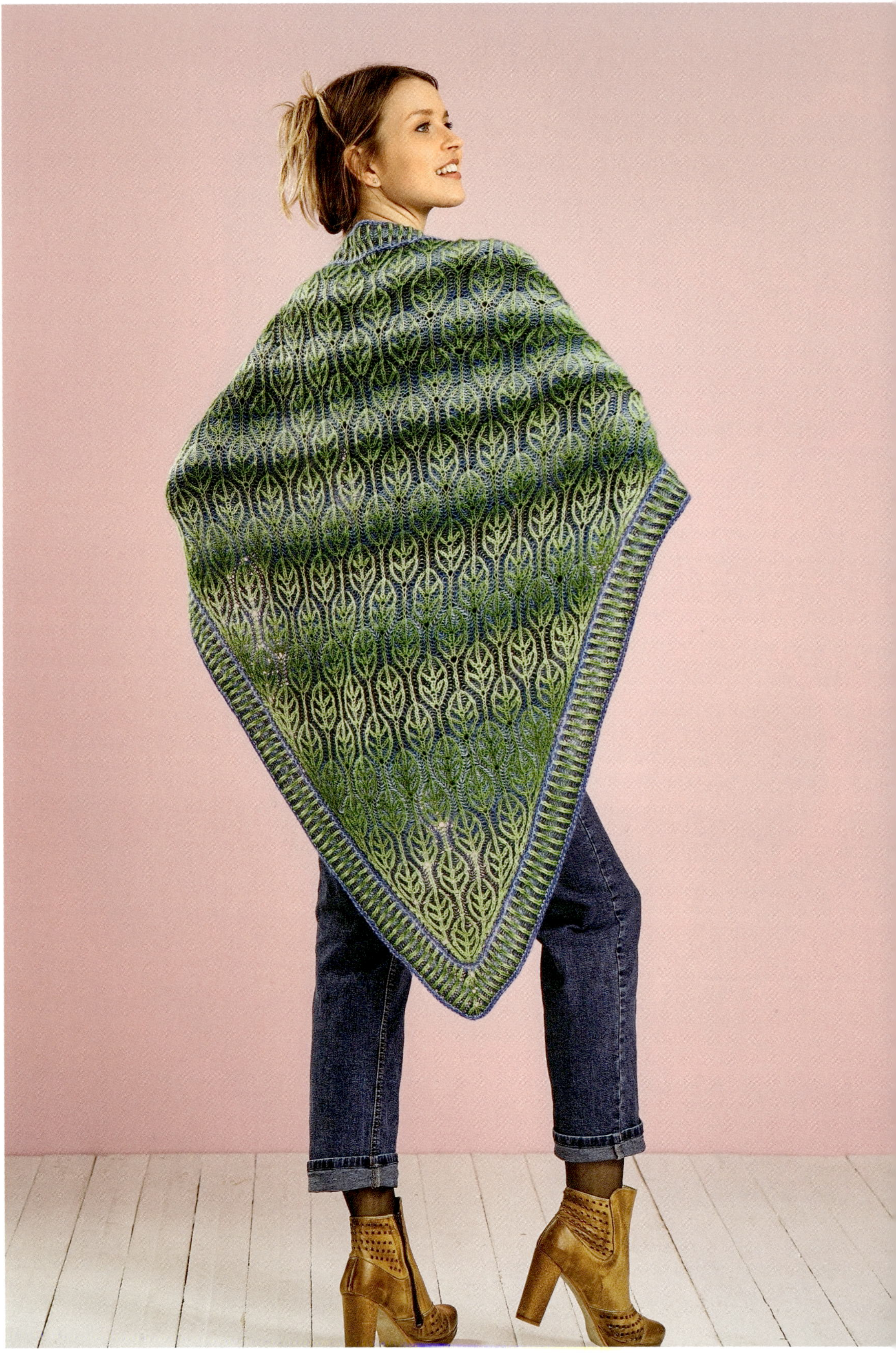

DREIECKSTUCH Blättertanz

Größe: 103 x 202 cm

MATERIAL

- Woolly Hugs YEAR SOCKS (75 % Schurwolle, 25 % Polyamid, Lauflänge ca. 400 m/100 g) von L&K (www.VeronikaHug.com): je 200 g Grün (Farbe 05 = Farbe A) und Blau (Farbe 07 = Farbe B)
- 1 lange Rundstricknadel Nr. 3,5
- 1 Hilfsnadel Nr. 3,5
- 3 Maschenmarkierer

Muster

Randmaschen: Die 1. Masche wie zum Linksstricken abheben, der Faden liegt vor der Arbeit. Die letzte Masche rechts stricken.

Relief-Patentmuster in Reihen: Laut Strickschrift arbeiten. Es ist nur jede 4. Reihe gezeichnet. Alle anderen Reihen laut Workshop „Zweifarbiges Relief-Patent in Reihen", Seite 6, stricken.

Relief-Patentmuster in Runden: Laut Workshop „Zweifarbiges Relief-Patent in Runden", Seite 8, stricken.

Kraus rechts in Runden: Abwechselnd 1 Runde rechte Maschen und 1 Runde linke Maschen stricken.

Maschenprobe

12,5 Maschen x 50 Reihen = 10 x 10 cm

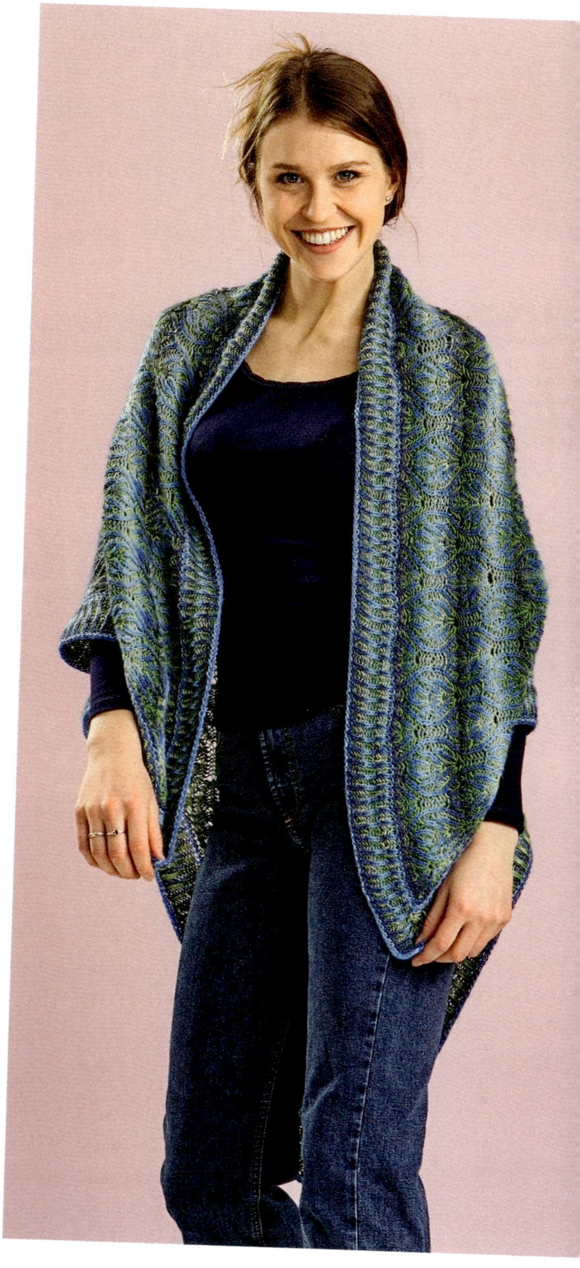

SO WIRD´S GEMACHT

An der unteren Spitze beginnend 7 Maschen in Farbe A anschlagen und im Relief-Patentmuster in Reihen laut Strickschrift arbeiten. Die farbig unterlegten Maschen bilden den Mustersatz (MS). Mit den Maschen vor dem MS beginnen, den MS stets wiederholen und enden mit den

Maschen nach dem MS. Die 1.–75. Reihe 1 x arbeiten. Dann die 28.–75. Reihe noch 8 x wiederholen = 231 Maschen.

Der **Tuchrand** wird in Runden gestrickt. Am oberen Tuchrand mit den 231 Maschen weiterstricken, aus den seitlichen Tuchrändern je 175 Maschen und an der unteren Tuchspitze 7 Maschen auffassen = 588 Maschen. Die 1. und letzte Masche am oberen Tuchrand und die mittlere Masche an der unteren Tuchspitze markieren. 4 Runden kraus rechts in Farbe B arbeiten. Nun 24 Runden im Relief-Patentmuster in Runden stricken, dabei für die Tuchspitzen wie folgt arbeiten: An den oberen markierten Eckmaschen in der 2. Runde und dann 4 x in jeder 4. Runde aus den markierten Maschen je 5 Maschen herausstricken (siehe Zeichenerklärung), an der unteren Tuchspitze in der 2. Runde und noch 2 x in jeder 8. Runde aus der markierten Masche 5 Maschen herausstricken. Abschließend 4 Runden kraus rechts in Farbe B arbeiten und alle Maschen locker abketten.

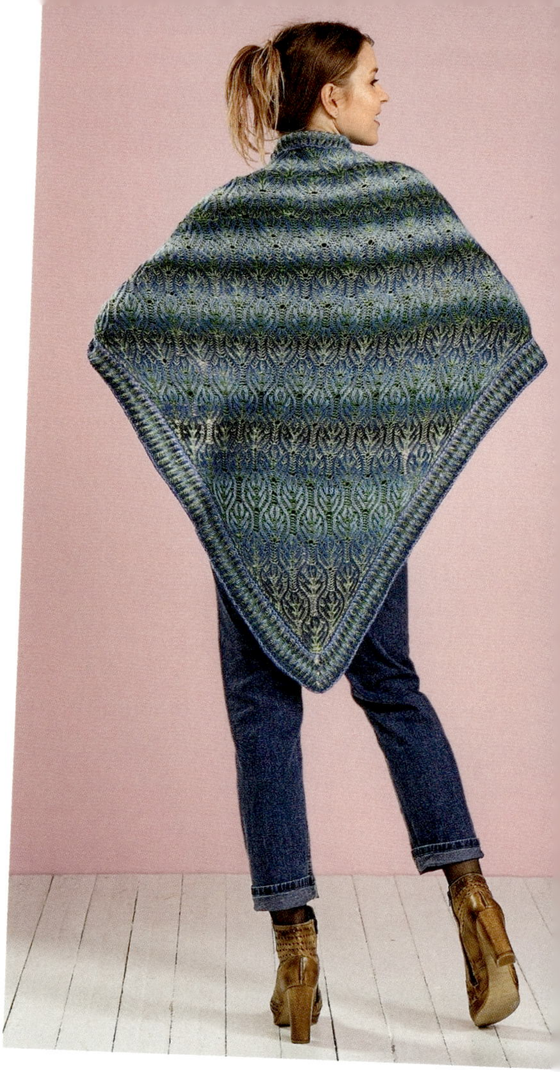

Strickschrift

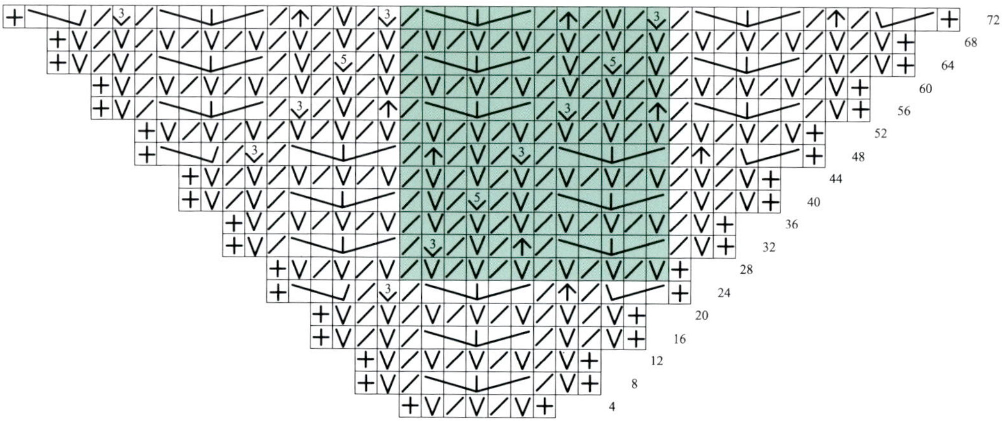

Zeichenerklärung

Siehe Umschlagklappe hinten.

SEELENWÄRMER-MANTEL

Lagune

Größe: 36–42 (44–50)

MATERIAL

- Woolly Hugs Sky (100 % Baumwolle, Lauflänge ca. 250 m/100 g) von L&K (www.VeronikaHug.com): 600 (800) g Türkis (Farbe 68)
- 1 lange Rundstricknadel Nr. 5,5
- Nadel zum Stilllegen der Maschen
- 2 Maschenmarkierer

Muster

Randmaschen: Die 1. Masche wie zum Linksstricken abheben, der Faden liegt vor der Arbeit. Die letzte Masche rechts stricken.

Relief-Patentmuster: Die Maschenzahl muss durch 20 teilbar sein plus 3 zusätzliche Maschen, damit das Muster links und rechts aufgeht, plus 2 Randmaschen. Laut Strickschrift in Reihen arbeiten. Es ist nur jede 2. Reihe gezeichnet. Die gezeichneten Reihen in Farbe A stricken. Alle anderen Reihen in Farbe B laut Workshop „Zweifarbiges Relief-Patent in Reihen", Seite 6, stricken. Mit den Maschen vor dem Mustersatz (MS) beginnen, den MS stets wiederholen, enden mit den Maschen nach dem MS. Als Farbe A das 1. Knäuel von außen nach innen und als Farbe B das 2. Knäuel von innen nach außen abstricken. Damit der jeweils dunklere Farbabschnitt der Knäuel auf der Vorderseite liegt, in der Mitte der beiden Knäuel die Farbe wechseln und die Arbeitsfäden neu ansetzen. Das 1. Knäuel als Farbe B, das 2. Knäuel als Farbe A abstricken. Nach Ende des 1. und 2. Knäuels das 3. und 4. und weiter das 5. und 6. sowie das 7. und 8. Knäuel farbgleich anstricken, jeweils in der Mitte der Knäuel den Farbwechsel vornehmen.

Blendenmuster: Laut Workshop „Zweifarbiges Relief-Patent in Reihen", Seite 6, stricken.

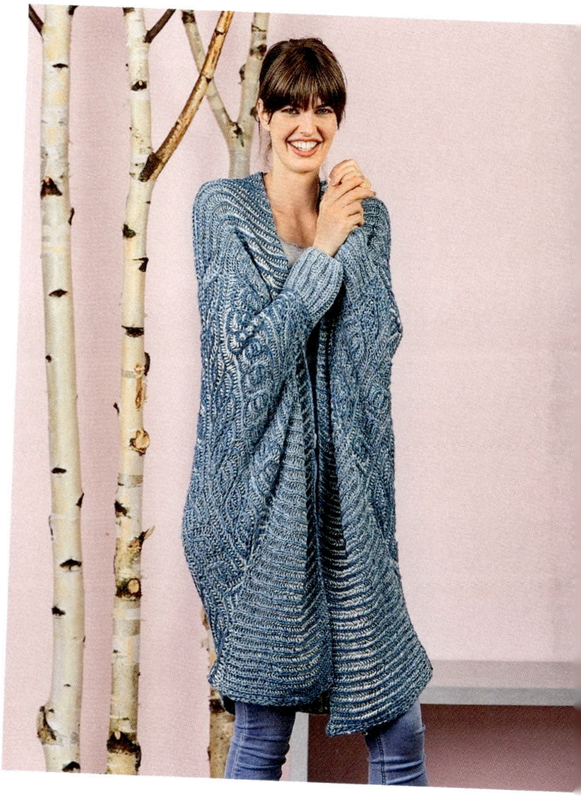

Maschenprobe

12 Maschen x 26 Reihen = 10 x 10 cm

SO WIRD´S GEMACHT

Am unteren Rand des **Rückenteils** beginnend 65 (85) Maschen anschlagen und im Relief-Patentmuster stricken. Die 1.–5. Reihe 1 x stricken, dann die 6.–21. Reihe stets wiederholen. Nach 14 cm (= 36 Reihen) für die **Seitenteile** beidseitig 40 Maschen aufschlingen = 145 (165) Maschen. Nach 81 cm ab Anschlag die

Maschen stilllegen. Die oberen und unteren Seitenteile laut Zeichnung nach innen schlagen, sodass die Punkte A und B jeweils aufeinandertreffen. Die vorderen Nähte beidseitig über 21,5 (19,5) cm schließen, 12 (14) cm für die Ärmelöffnungen offen lassen. Die in der Zeichnung rot gezeichnete Linie entspricht den stillgelegten Maschen. Entlang der blau gezeichneten Linien beidseits 60 Maschen auffassen, die Maschen für die umlaufende **Blende** zusammenführen = 265 (285) Maschen. Weiter im Blendenmuster stricken. Für die Formgebung an der Schulter beidseits der mittleren 3 (4) MS des Rückenteils entsprechend dem Pfeil in der Zeichnung die jeweils äußere Längsrippe markieren. 10 (12) x in jeder 4. Reihe an der 1. Markierung die markierte Masche mit 2 Maschen links der Markierung überzogen zusammenstricken, an der 2. Markierung die markierte Masche mit 2 Maschen rechts der Markierung rechts zusammenstricken = 225 (237) Maschen. Nach 31 (39) cm ab Blendenanfang alle Maschen locker abketten.

Fertigstellung: Für die Ärmelbündchen an den Ärmelöffnungen 29 (33) Maschen auffassen und 15 cm im Blendenmuster stricken. Die Naht an den Ärmelbündchen schließen.

Strickschrift

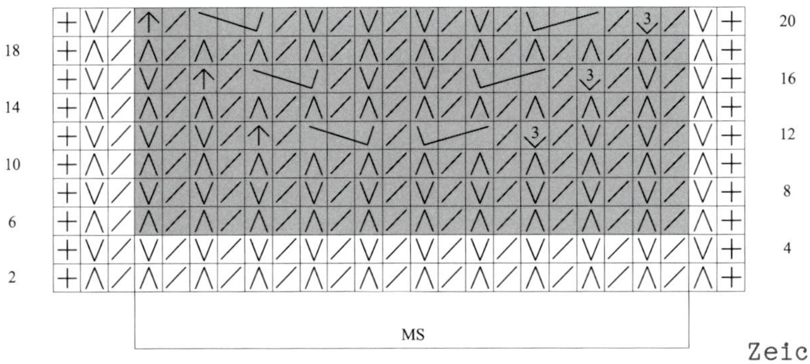

Zeichenerklärung
Siehe Umschlagklappe hinten.

Schnittmuster

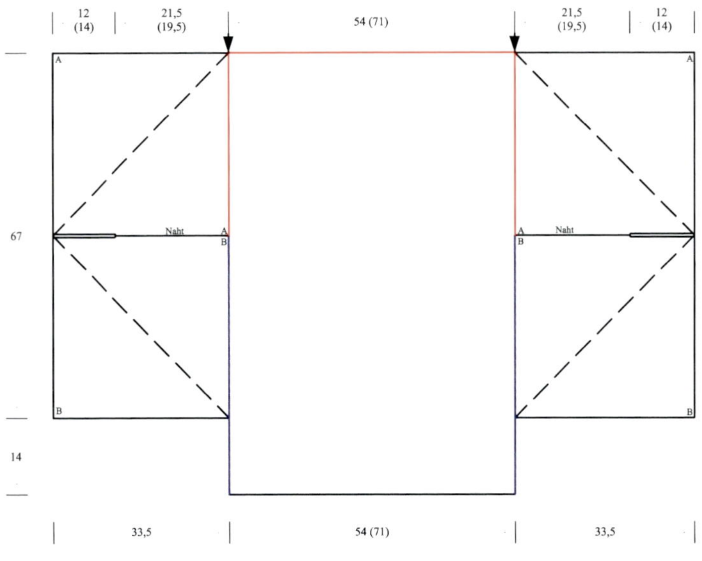

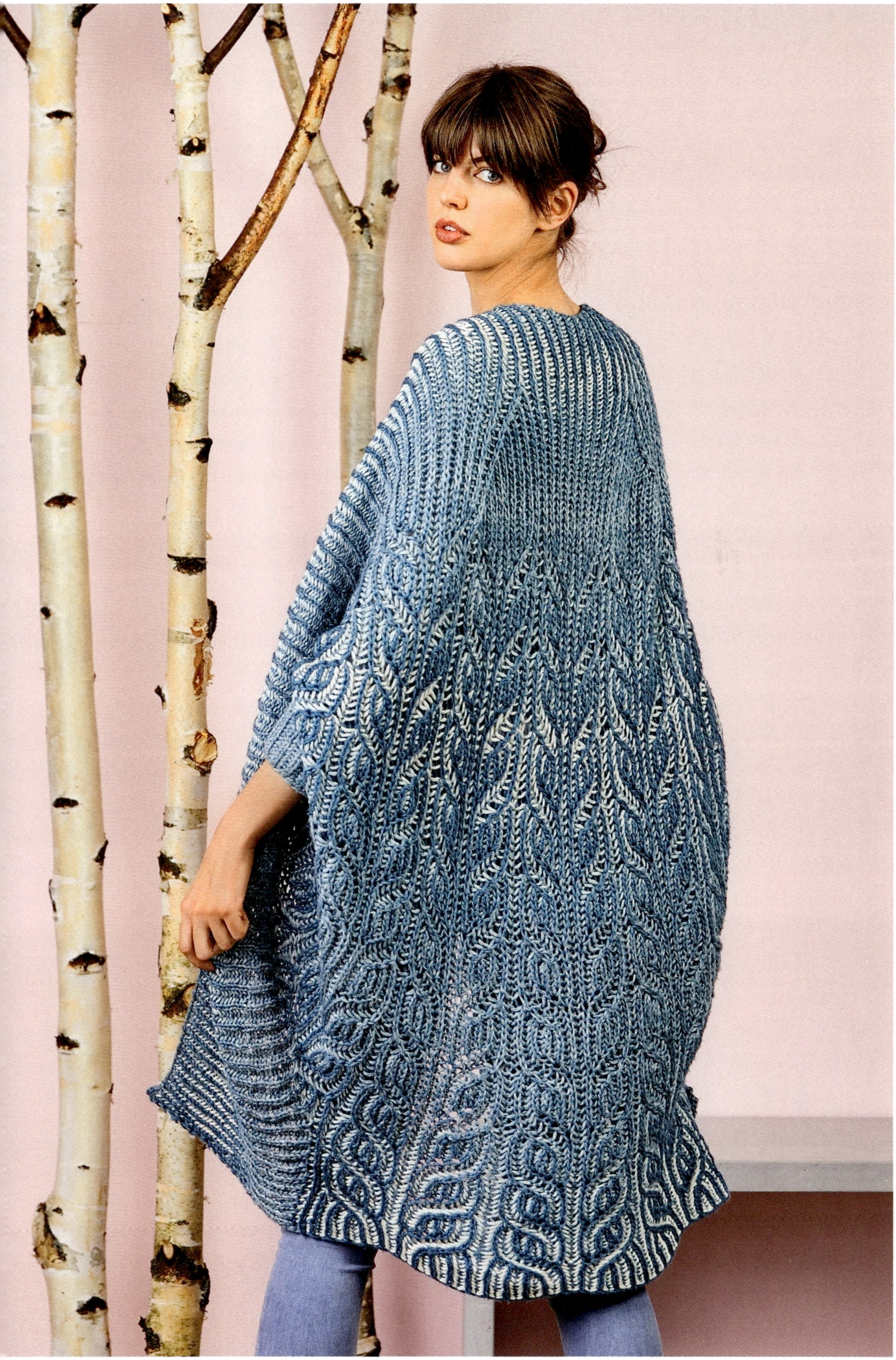

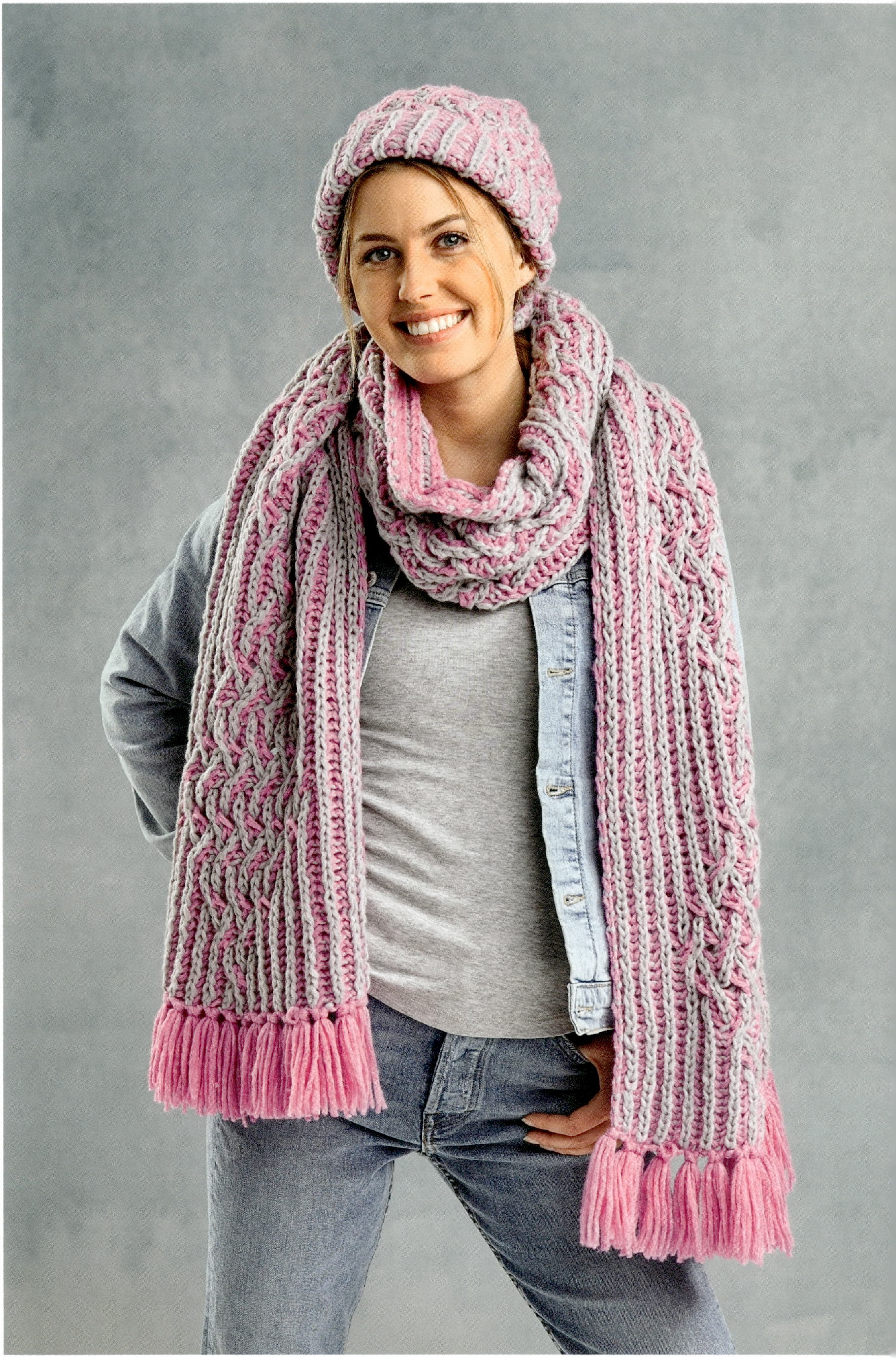

SCHAL UND MÜTZE
Sakura

Größe – Schal: 29 x 208 cm (ohne Fransen)
Größe – Mütze: 54–58 cm Kopfumfang

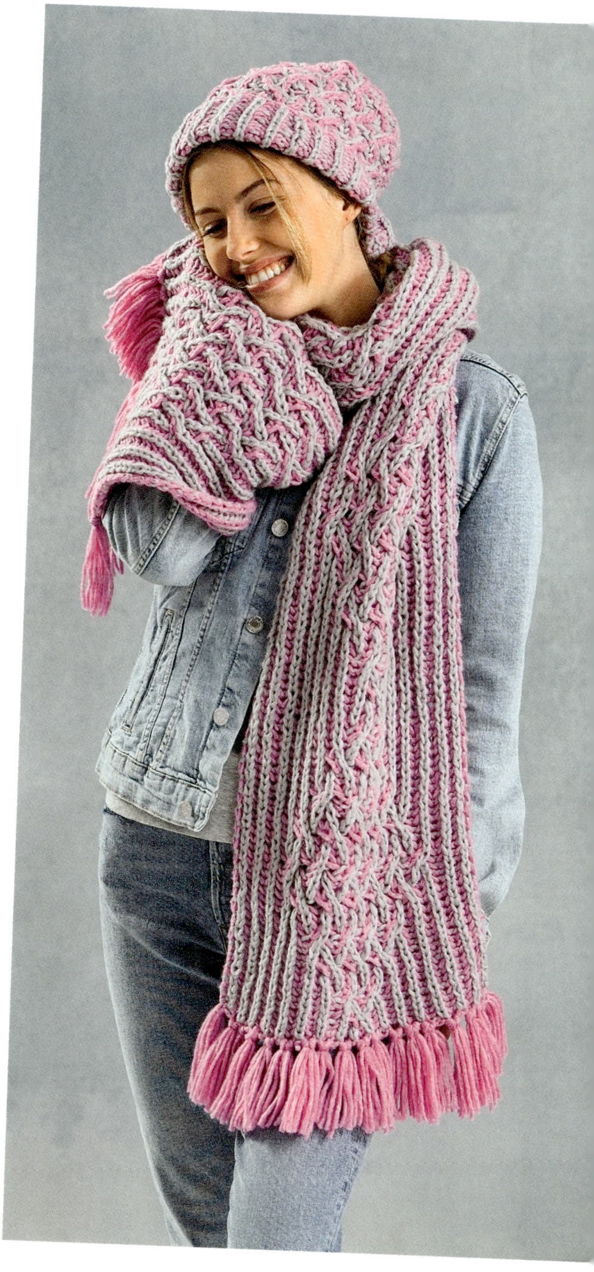

MATERIAL

- Woolly Hugs SHEEP (50% Wolle, Merino extrafein, 28% Baumwolle, 22% Polyamid, Lauflänge ca. 110 m/50 g) von L&K (www.VeronikaHug.com): je 150 g Rosa (Farbe 37 = Farbe A) und Hellgrau (Farbe 90 = Farbe B)
- 1 kurze Rundstricknadel Nr. 6,5
- 1 Nadelspiel (= Hilfsnadel) Nr. 6,5
- 1 Häkelnadel Nr. 7–8

Muster

Randmaschen: Die 1. Masche wie zum Linksstricken abheben, der Faden liegt vor der Arbeit. Die letzte Masche rechts stricken.
Relief-Patentmuster 1 (Schal): Laut Strickschrift 1 arbeiten. Es ist nur jede 4. Reihe gezeichnet. Alle anderen Reihen laut Workshop „Zweifarbiges Relief-Patent in Reihen", Seite 6, stricken. Die 2.–81. Reihe stets wiederholen.
Relief-Patentmuster 2 (Mütze): Laut Strickschrift 2 arbeiten. Die Maschenzahl muss durch 4 teilbar sein. Es sind nur musterrelevante Runden gezeichnet. Alle anderen Runden laut Workshop „Zweifarbiges Relief-Patent in Runden", Seite 8, stricken.

Maschenprobe Relief-Patentmuster

13 Maschen x 28 Reihen = 10 x 10 cm

SO WIRD´S GEMACHT

Schal

37 Maschen in Farbe A anschlagen und im Relief-Patentmuster 1 stricken. Die 2.–81. Reihe 7 x wiederholen und enden mit 2.–13. Reihe.

Dann mit Farbe A alle Maschen locker abketten. An den Schalenden mit Farbe A ca. 8 cm lange Fransen aus je 6 Fäden mit der Häkelnadel einknüpfen.

Mütze
56 Maschen in Farbe A anschlagen und zur Runde schließen. Im Relief-Patentmuster 2 stricken. Für den Mützenaufschlag die 2.–3. Runde 13 x stricken. Dann die 28.–43. Runde insgesamt 3 x stricken. In der 76. und 84. Runde die Abnahmen laut Strickschrift arbeiten und die Maschen dabei auf das Nadelspiel verteilen. Die restlichen 14 Maschen mit dem Arbeitsfaden fest zusammenziehen und vernähen.

Strickschrift 1

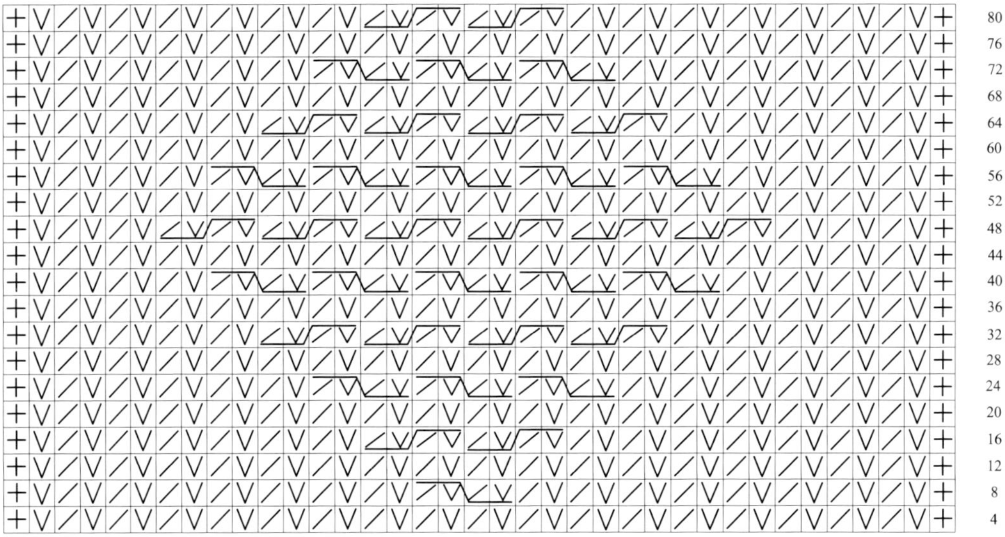

Strickschrift 2

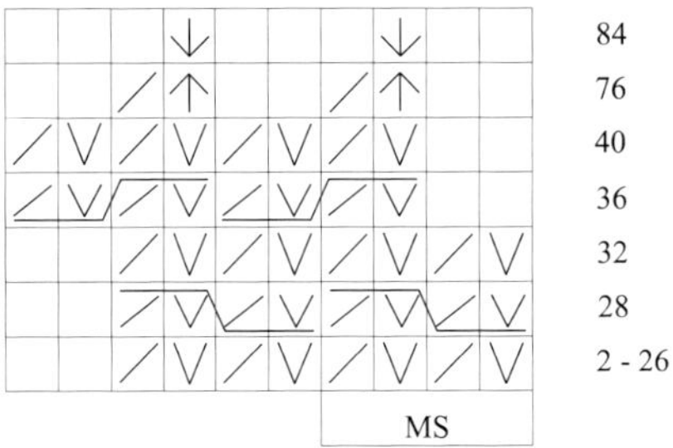

Zeichenerklärung
Siehe Umschlagklappe hinten.

PULLI UND MÜTZE MIT BORDÜRE

Eisblume

Größe: 36/38 (42/44) 48/50

MATERIAL

- Woolly Hugs SHEEP (50 % Wolle, Merino extrafein, 28 % Baumwolle, 22 % Polyamid, Lauflänge ca. 110 m/50 g) von L&K (www.VeronikaHug.com): je 250 (300) 350 g Petrol (Farbe 65 = Farbe A) und 300 (350) 400 g Anthrazit (Farbe 99 = Farbe B)
- 1 kurze und 1 lange Rundstricknadeln Nr. 5,5
- 1 Nadelspiel Nr. 5,5

Muster

Randmaschen: Die 1. Masche wie zum Linksstricken abheben, der Faden liegt vor der Arbeit. Die letzte Masche rechts stricken.

Relief-Patentmuster in Runden: Laut Workshop „Zweifarbiges Relief-Patent in Runden“, Seite 8, stricken.

Relief-Patentmuster in Reihen: Laut Workshop „Zweifarbiges Relief-Patent in Reihen“, Seite 6, stricken.

Musterbordüre: Laut Strickschrift in Runden arbeiten. Die Maschenzahl muss durch 16 teilbar sein. Es sind nur die geraden Runden gezeichnet. Die nicht gezeichneten Runden laut Workshop „Zweifarbiges Relief-Patent in Runden“, Seite 8, stricken. Die 1.–34. Runde 1 x stricken.

Kraus rechts in Runden: Abwechselnd 1 Runde rechte Maschen und 1 Runde linke Maschen stricken.

Kraus rechts in Reihen: In Hin- und Rückreihen rechte Maschen stricken.

Maschenprobe

12 Maschen x 32 Reihen = 10 x 10 cm

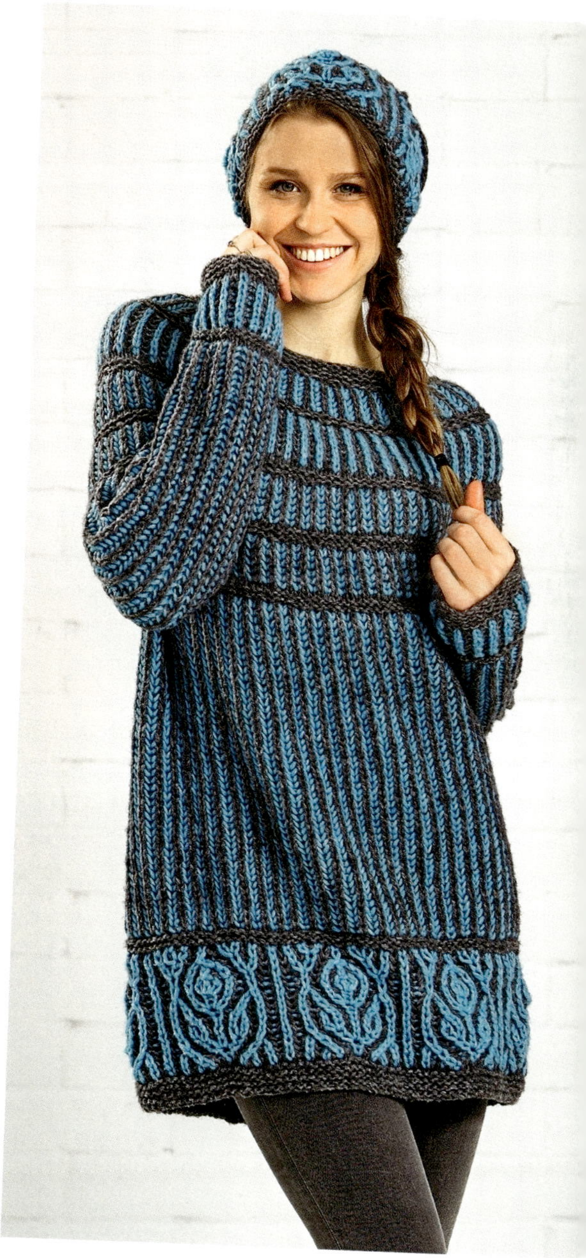

SO WIRD´S GEMACHT

Pullover

Am unteren Rand beginnend **Vorder- und Rückenteil** in einem Stück in Runden stricken. Mit der langen Rundstricknadel 128 (144) 160 Maschen in Farbe B anschlagen und zur Runde schließen. 8 Runden kraus rechts in Farbe B stricken. Dann weiter in der Musterbordüre laut Strickschrift arbeiten – Farbe A = Grundfarbe, Farbe B = Kontrastfarbe. Danach wieder 4 Runden kraus rechts in Farbe B stricken. Weiter im Relief-Patentmuster in Runden arbeiten – Farbe B = Grundfarbe, Farbe A = Kontrastfarbe. Nach 47 (49) 51 cm ab Anschlag beidseitig für den Armausschnitt je 6 Maschen abketten. Je 58 (66) 74 Maschen für Vorder- und Rückenteil stilllegen.
Für die **Ärmel** mit der kurzen Rundstricknadel 33 (37) 41 Maschen in Farbe B anschlagen und

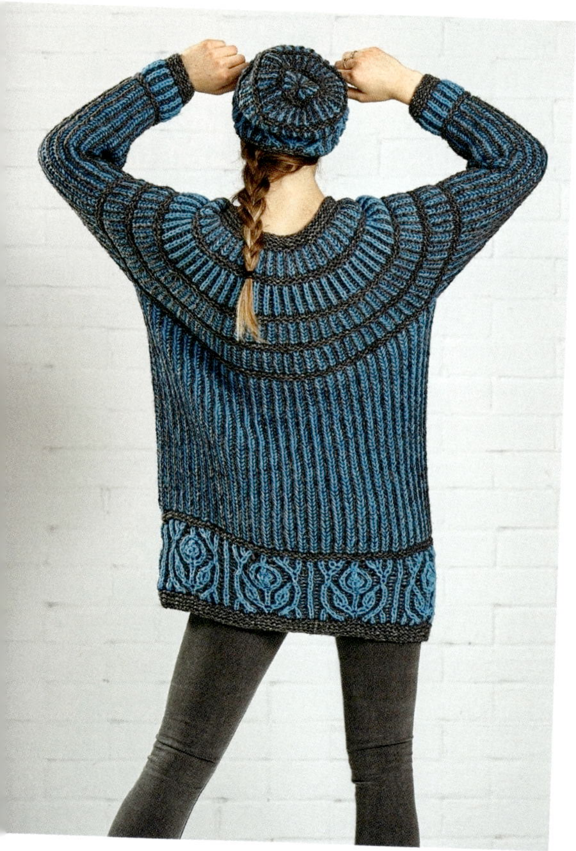

8 Reihen kraus rechts in Farbe B stricken. Dann 16 Reihen im Relief-Patentmuster arbeiten – Farbe A = Grundfarbe, Farbe B = Kontrastfarbe. Danach wieder 4 Reihen kraus rechts in Farbe B stricken. Weiter im Relief-Patentmuster in Reihen stricken – Farbe B = Grundfarbe, Farbe A = Kontrastfarbe, dabei für die Ärmelschrägen 7 x in jeder 12. Reihen beidseitig je 1 Masche zunehmen und diese in das Patentmuster einfügen = 47 (51) 55 Maschen. Nach 42 cm ab Anschlag beidseitig je 3 Maschen abketten = 41 (45) 49 Maschen.
Für die **Rundpasse** die Ärmelmaschen und die stillgelegten Maschen des Vorder- und Rückenteils auf der langen Rundstricknadel zur Runde zusammenführen = 198 (222) 246 Maschen. 5 Runden kraus rechts in Farbe B stricken. Dann 12 (12) 14 Runden im Relief-Patentmuster arbeiten – Farbe B = Grundfarbe, Farbe A = Kontrastfarbe. Wieder 5 Runden kraus rechts in Farbe B stricken, dabei in der 4. Runde jede 5. und 6. Masche links zusammenstricken und noch 1 zusätzliche Masche abnehmen, um eine gerade Maschenzahl für das Patentmuster zu erhalten = 164 (184) 204 Maschen. Nun 12 (12) 14 Runden im Relief-Patentmuster arbeiten – Farbe B = Grundfarbe, Farbe A = Kontrastfarbe. Wieder 5 Runden kraus rechts in Farbe B stricken, dabei in der 4. Runde jede 4. und 5. Masche links zusammenstricken = 132 (148) 164 Maschen. Dann 16 (22) 22 Runden im Relief-Patentmuster arbeiten – Farbe A = Grundfarbe, Farbe B = Kontrastfarbe. Wieder 5 Runden kraus rechts in Farbe B stricken, dabei in der 4. Runde jede 3. und 4. Masche links zusammenstricken und noch 1 zusätzliche Masche abnehmen, um eine gerade Maschenzahl für das Patentmuster zu erhalten = 98 (110) 122 Maschen. Nun 12 (12) 14 Runden im Relief-Patentmuster arbeiten – Farbe B = Grundfarbe, Farbe A = Kontrastfarbe. Für das Halsbündchen mit der kurzen Rundstricknadel 9 Runden kraus rechts in Farbe B stricken, dabei in der 8. Runde jede 2. und 3. Masche links zusammenstricken = 66 (74) 82. Dann alle Maschen abketten.

Fertigstellung: Untere Ärmelnähte schließen.

Mütze

Mit der kurzen Rundstricknadel 64 Maschen in Farbe B anschlagen, zur Runde schließen und 4 Runden kraus rechts stricken. Weiter in der Musterbordüre laut Strickschrift arbeiten – Farbe A = Grundfarbe, Farbe B = Kontrastfarbe. * Danach 4 Runden kraus rechts in Farbe B und 10 Runden im Relief-Patentmuster stricken – Farbe B = Grundfarbe, Farbe A = Kontrastfarbe. Ab * noch 1 x wiederholen. Nun 4 Runden kraus rechts stricken, dabei in der 4. Runde die Maschenzahl halbieren, hierfür stets 2 Maschen links zusammenstricken, und die Maschen auf das Nadelspiel verteilen = 32 Maschen. 6 Runden im Relief-Patentmuster arbeiten – Farbe B = Grundfarbe, Farbe A = Kontrastfarbe. In der nächsten Runde die Maschenzahl wieder halbieren wie oben beschrieben. Die restlichen 16 Maschen mit dem Arbeitsfaden fest zusammenziehen und vernähen.

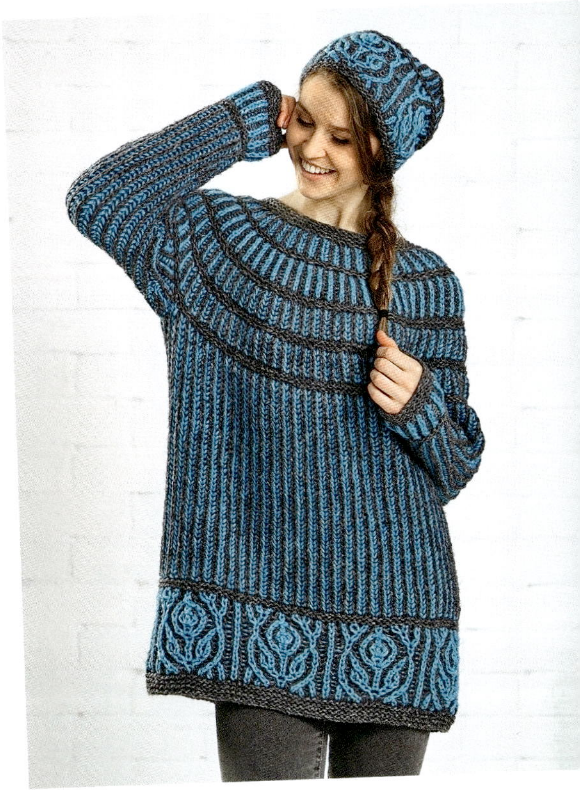

Strickschrift

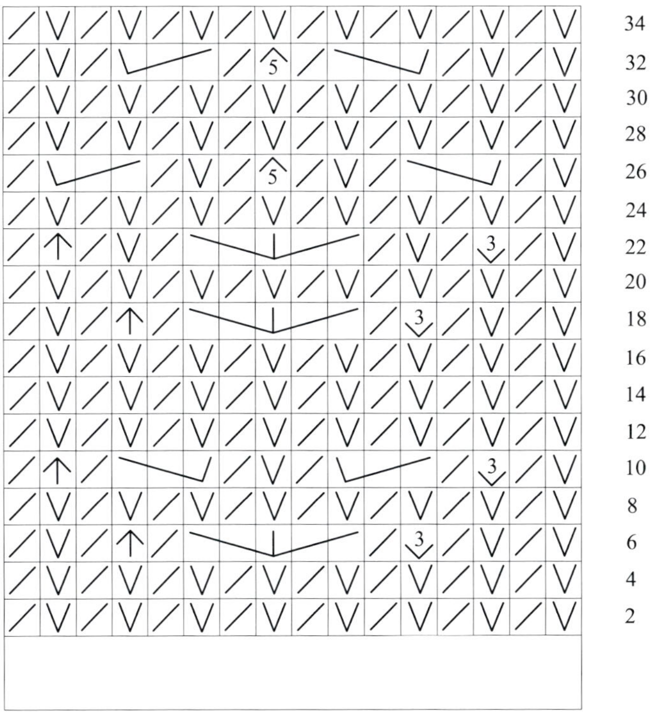

Mustersatz = MS

Zeichenerklärung

Siehe Umschlagklappe hinten.

Schnittmuster

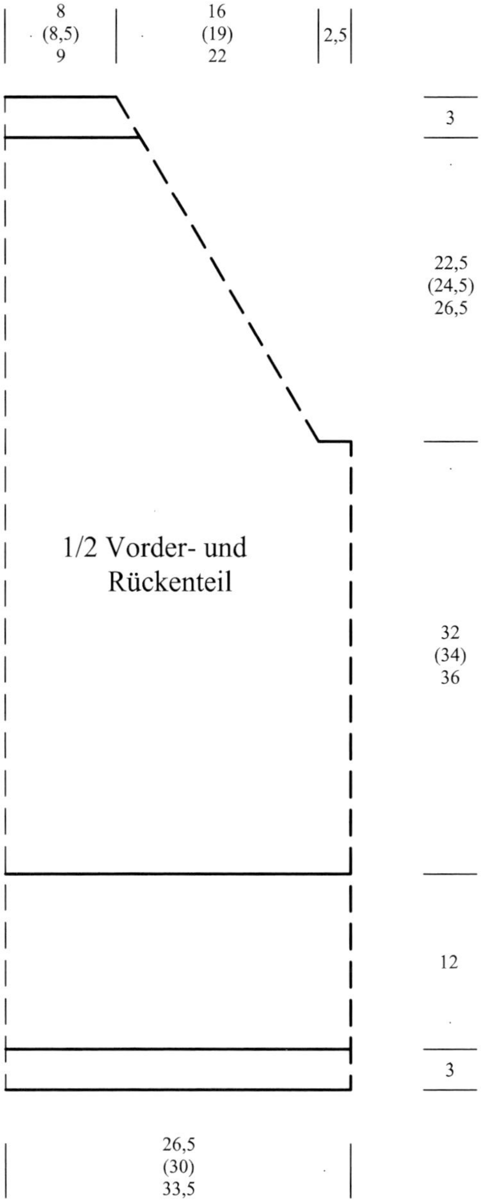

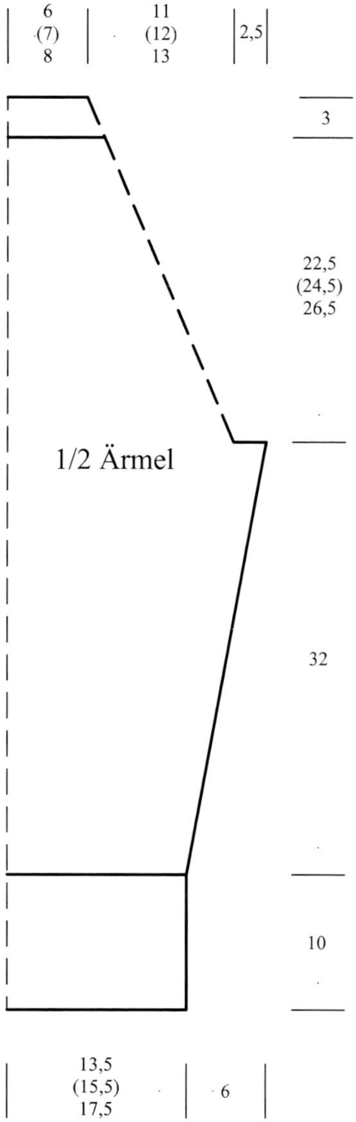

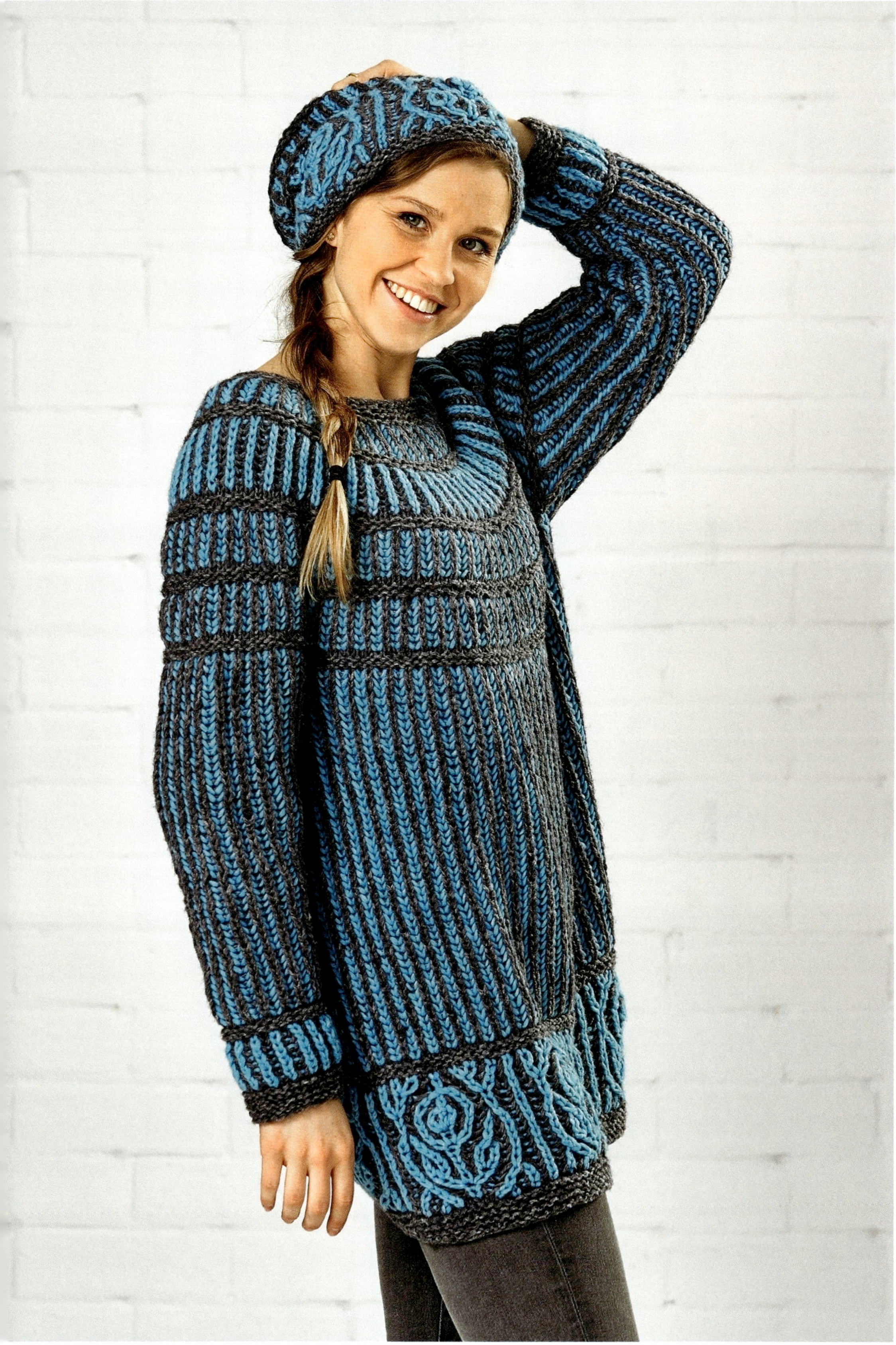

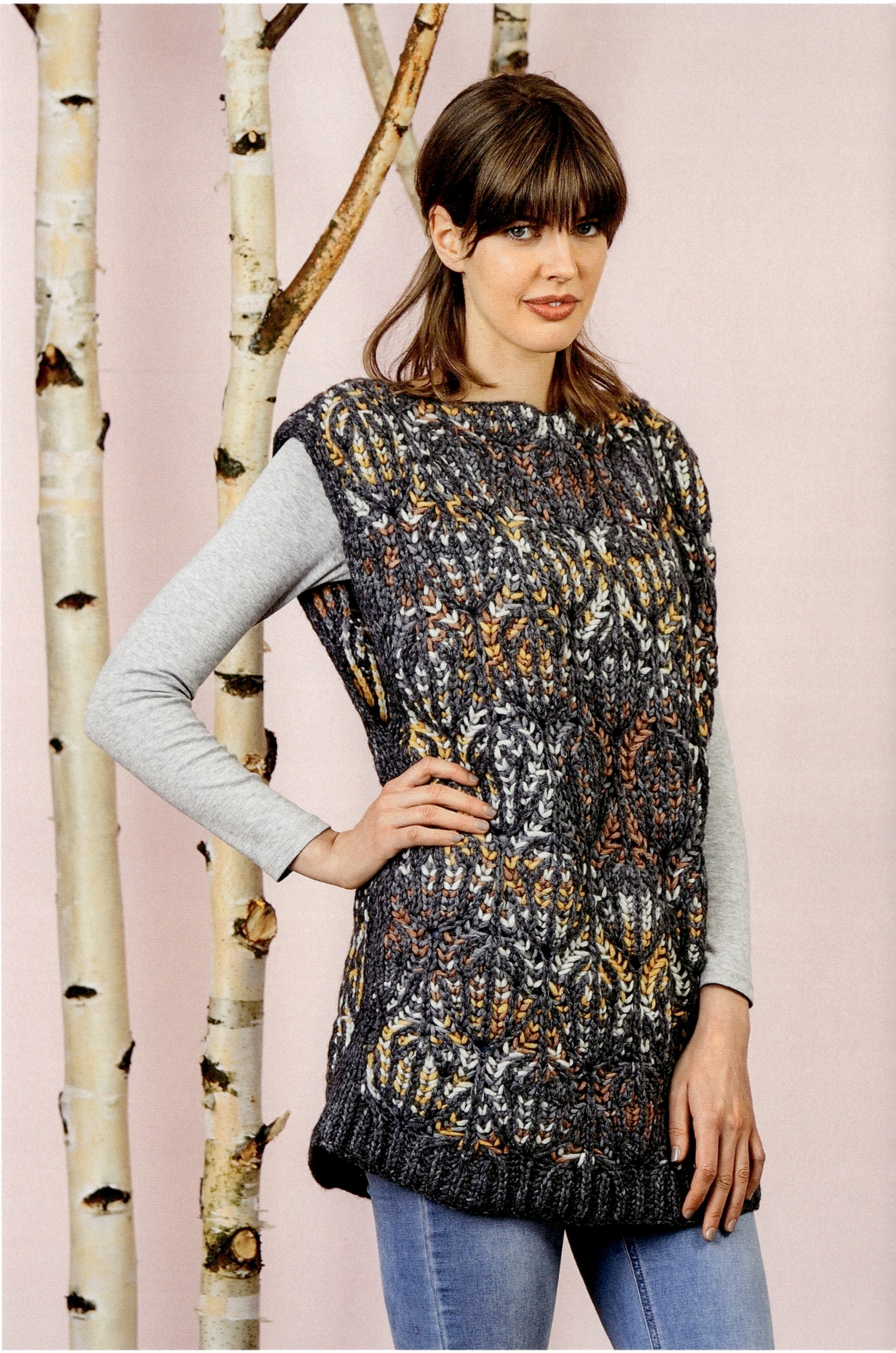

TUNIKA
Sandsturm

Größe: 36/40 (42/46) 48/52

MATERIAL

- Woolly Hugs SHEEP (50 % Wolle, Merino extrafein, 28 % Baumwolle, 22 % Polyamid, Lauflänge ca. 110 m/50 g) von L&K (www.VeronikaHug.com): 200 (300) 350 g Anthrazit (Farbe 98 = Farbe A)
- Woolly Hugs PLAN (50 % Schurwolle, 28 % Baumwolle, 22 % Polyamid, Lauflänge ca. 220 m/100 g) von L&K (www.VeronikaHug.com): 200 (300) 300 g Gelb-Rost-Grau (Farbe 80 = Farbe B)
- 1 Rundstricknadel Nr. 5–6
- 1 Hilfsnadel Nr. 5–6

Muster

Relief-Patentmuster: Die Maschenzahl muss durch 12 teilbar sein plus 3 zusätzliche Maschen, damit das Muster rechts und links aufgeht, plus 6 Randmaschen für den beidseitigen Paspelrand. Laut Strickschrift in Reihen arbeiten. Es ist nur jede 2. Reihe gezeichnet. Die gezeichneten Reihen in Farbe A stricken. Alle anderen Reihen in Farbe B laut Workshop „Zweifarbiges Relief-Patent in Reihen", Seite 6, stricken. Mit den Maschen vor dem Mustersatz (MS) beginnen, den Mustersatz stets wiederholen und enden mit den Maschen nach dem MS.

Einfarbiges Relief-Patent mit Paspelrand: Laut Workshop Seite 9–10 arbeiten.

Zweifarbiges Relief-Patent mit Paspelrand: Den Paspelrand stets mit Farbe A stricken.

1. Reihe = Hinreihe – Farbe B: 3 Maschen des Paspelrands abheben und abwechselnd 1 Masche mit dem Umschlag links zusammenstricken, 1 Masche mit 1 Umschlag wie zum Linksstricken abheben. Die letzten 3 Maschen (= Paspelrand) unbestrickt lassen.

2. Reihe = Hinreihe – Farbe A:* 1 Randmasche wie zum Linksstricken abheben, der Faden liegt vor der Arbeit, 1 Masche abheben, der Faden liegt vor der Masche, 1 Masche rechts stricken.* Die Arbeit wenden und 1 Masche abheben, der Faden liegt vor der Arbeit, und 2 Maschen rechts stricken. Dann die Arbeit erneut wenden und von * bis * wiederholen. Dann die Reihe laut Strickschrift zu Ende arbeiten. Die Arbeit wenden. 1 Randmasche wie zum Linksstricken abheben, der Faden liegt vor der Arbeit, 1 Masche rechts stricken und 1 Masche abheben, der Faden liegt vor der Arbeit. Dann die beiden Arbeitsfäden Farbe A und Farbe B verkreuzen, die Arbeit wenden, 1 Masche rechts stricken, 1 Masche abheben, der Faden liegt vor der Masche, und 1 Masche rechts stricken.

3. Reihe = Rückreihe – Farbe B: 3 Maschen des Paspelrands abheben und abwechselnd 1 Masche mit dem Umschlag rechts zusammenstricken und 1 Masche mit 1 Umschlag wie zum Linksstricken abheben. Die letzten 3 Maschen (= Paspelrand) unbestrickt lassen.

4. Reihe = Rückreihe – Farbe A: wie die 2. Reihe stricken.

1.–4. Reihe stets wiederholen.

Maschenprobe

12,5 Maschen x 28 Reihen = 10 x 10 cm

SO WIRD´S GEMACHT

Für das **Vorderteil** an der unteren Kante beginnend 69 (81) 92 Maschen in Farbe A anschlagen und 14 Reihen im einfarbigen Relief-Patent mit Paspelrand stricken. In der 15. Reihe mit dem zweifarbigen Relief-Patentmuster mit einer Hinreihe in Farbe B beginnen. Den Paspelrand

laut zweifarbigem Relief-Patent mit Paspelrand stricken. Im Relief-Patentmuster laut Strickschrift arbeiten. Die 2.–7. Reihe 1 x stricken, dann die 8.–55. Reihe (= 1 Mustersatz in der Höhe) 5 (6) 6 x wiederholen. Danach alle Maschen mit Farbe A locker abketten.
Das **Rückenteil** genauso arbeiten.

Fertigstellung: Die Schulternähte beidseitig über 11 (12) 13 cm schließen, die Seitennähte über 33 (42) 42 cm schließen und die oberen 32 cm als Ärmelöffnung offen lassen.

Zeichenerklärung
Siehe Umschlagklappe hinten.

Schnittmuster

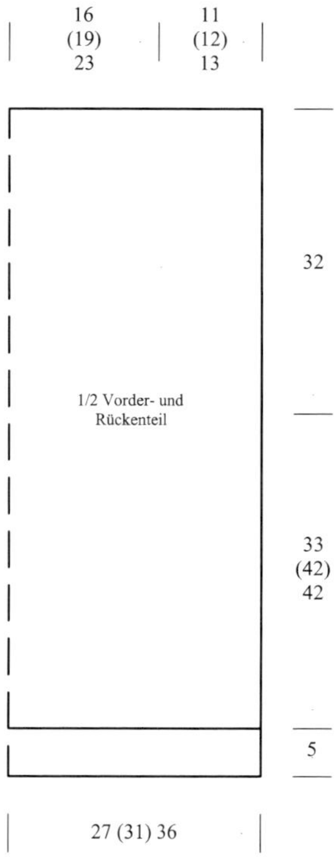

Strickschrift

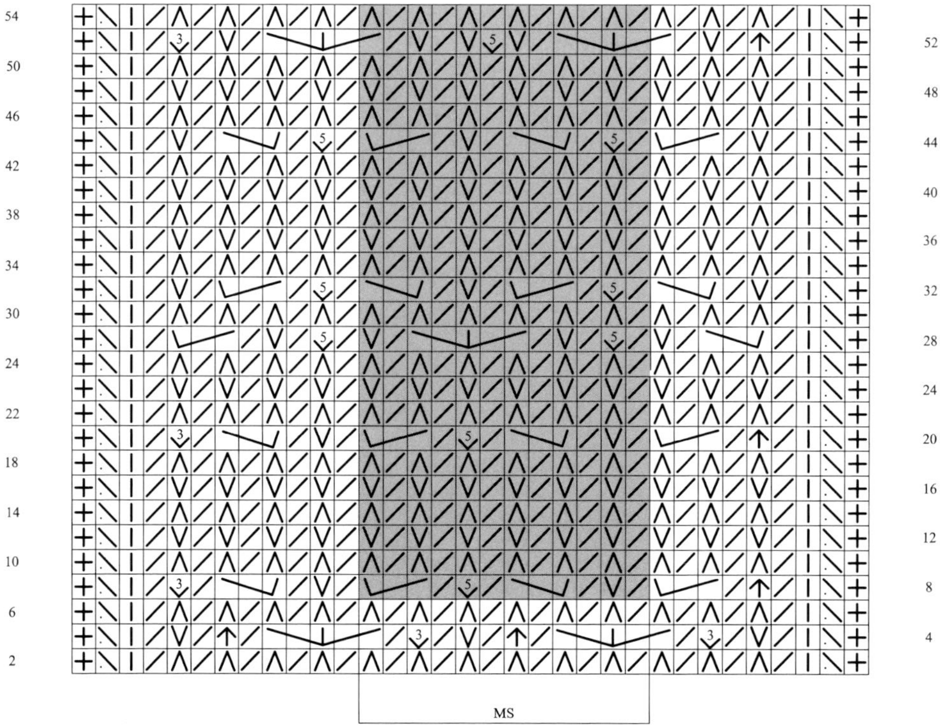

SCHALKRAGEN UND MÜTZE

Waldläufer

Größe – Schalkragen: 90–60 cm Umfang, 35 cm Höhe
Größe – Mütze: 54–58 cm Kopfumfang

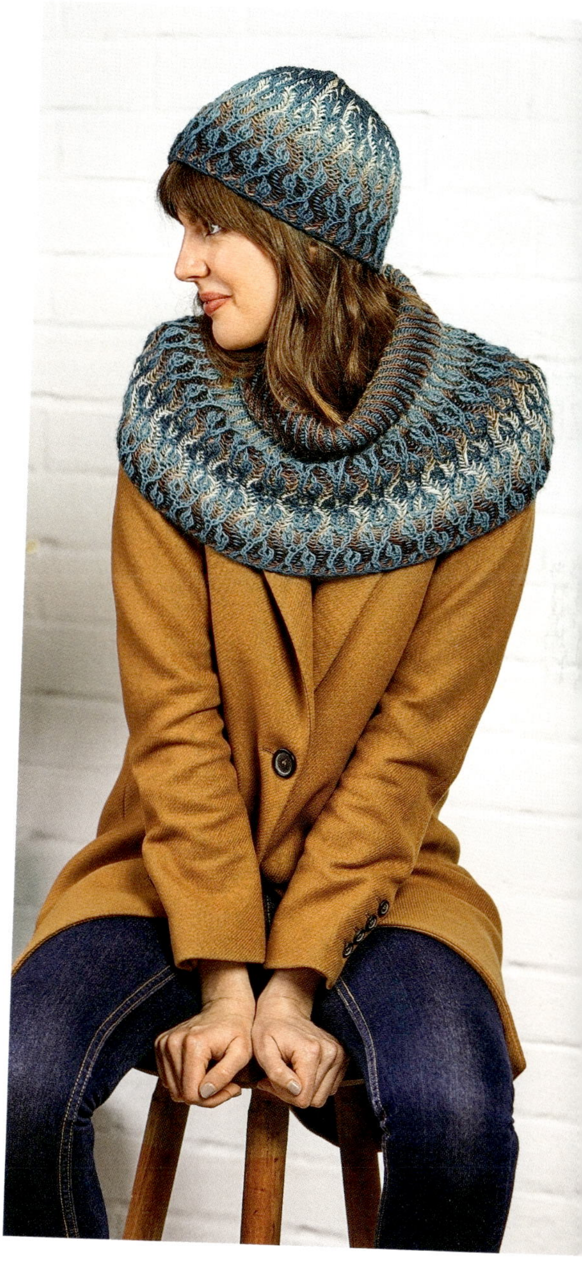

MATERIAL

- Woolly Hugs YEAR SOCKS (75% Schurwolle, 25% Polyamid, Lauflänge ca. 400 m/100 g) von L&K (www.VeronikaHug.com): je 100 g Petrol-Töne (August – Farbe 08 = Farbe A) und Braun-Töne (November – Farbe 11 = Farbe B)
- 1 kurze Rundstricknadel Nr. 3
- 1 Nadelspiel Nr. 3

Muster

Relief-Patentmuster in Runden: Die Maschenzahl muss durch 6 teilbar sein. Laut Strickschrift arbeiten. Es ist nur jede 2. Runde gezeichnet. Die gezeichneten Runden in Farbe A stricken. Alle nicht gezeichneten Runden in Farbe B stricken und nach jeder Runde die Farbe wechseln. Der Arbeitsfaden der anderen Farbe liegt dabei hinter der Arbeit. In der 1. Runde mit Farbe B abwechselnd 1 Masche mit 1 Umschlag wie zum Linksstricken abheben und 1 Masche links stricken, in allen anderen Runden abwechselnd 1 Masche mit 1 Umschlag wie zum Linksstricken abheben und 1 Masche mit dem Umschlag links zusammenstricken.

Maschenprobe

16 Maschen x 48 Reihen = 10 x 10 cm

SO WIRD´S GEMACHT

Schalkragen: Am unteren Rand beginnend 144 Maschen in Farbe A anschlagen und zur Runde schließen. Laut Strickschrift im Relief-Patentmuster in Runden arbeiten. Die 2.–25. Runde 3 x stricken. Dann die

74.–85. Runde 1 x stricken und die Abnahmen in Schulterhöhe laut Strickschrift vornehmen = 96 Maschen. Mit der 86.–91. Runde fortfahren. Insgesamt 80 Runden im zweifarbigen Relief-Patentmuster mit 96 Maschen ohne Abnahmen stricken und alle Maschen mit Farbe B locker abketten.

Mütze: Am unteren Rand beginnend 90 Maschen in Farbe A anschlagen und zur Runde schließen. Laut Strickschrift im Relief-Patentmuster in Runden arbeiten. Die 2.–25. Runde 3 x stricken, dann die 74.–98. Runde 1 x arbeiten und die Maschen dabei auf das Nadelspiel verteilen. Die restlichen 30 Maschen mit dem Arbeitsfaden fest zusammenziehen und vernähen.

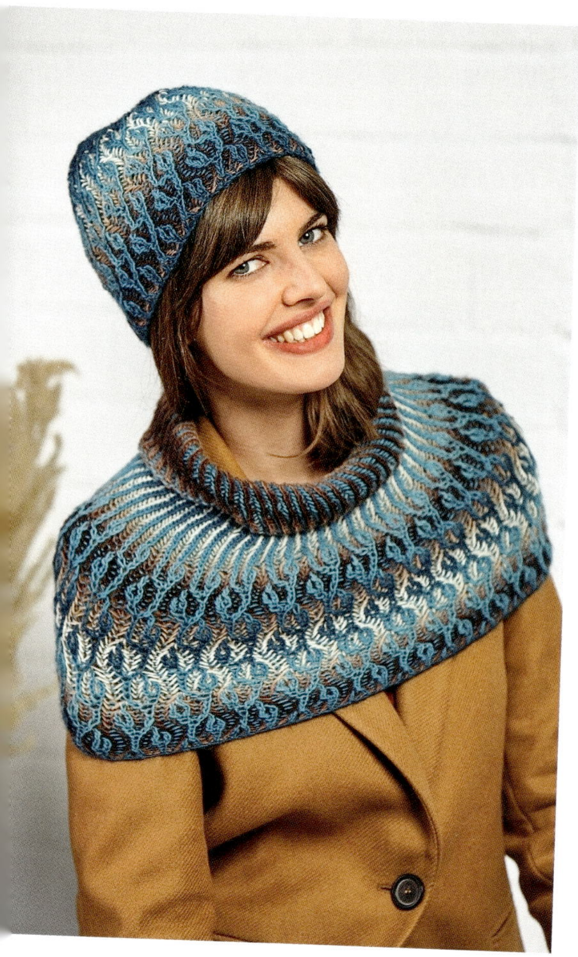

Strickschrift

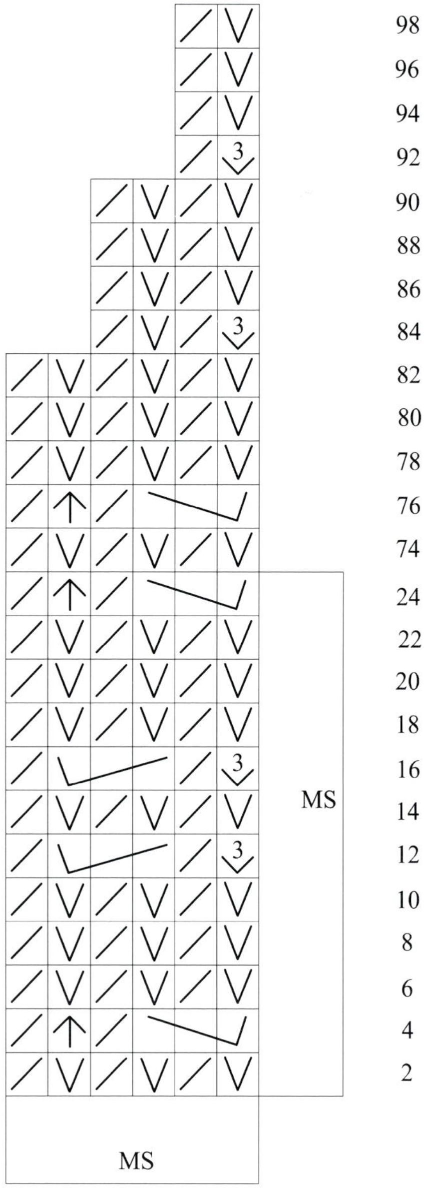

Zeichenerklärung

Siehe Umschlagklappe hinten.

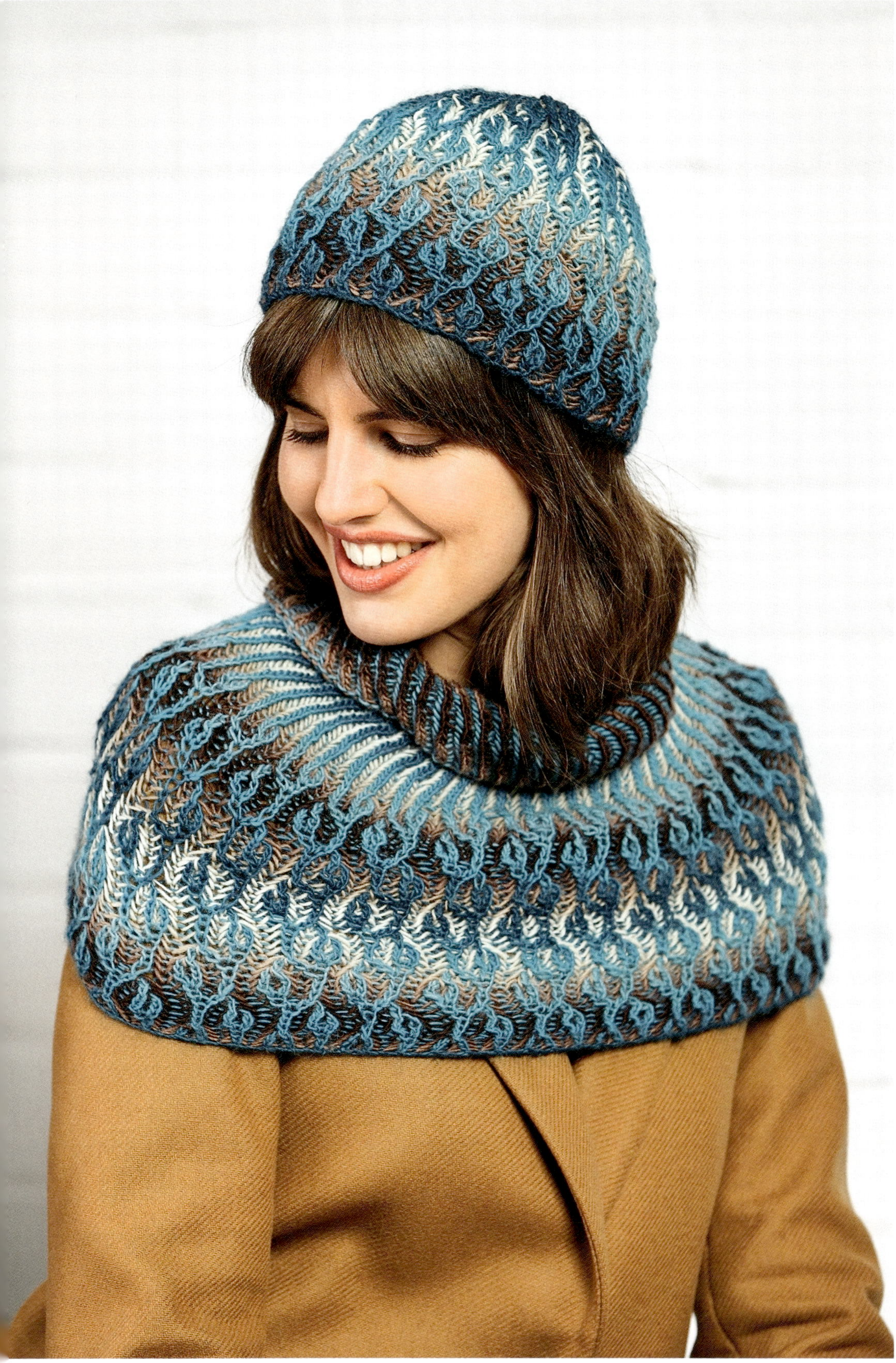

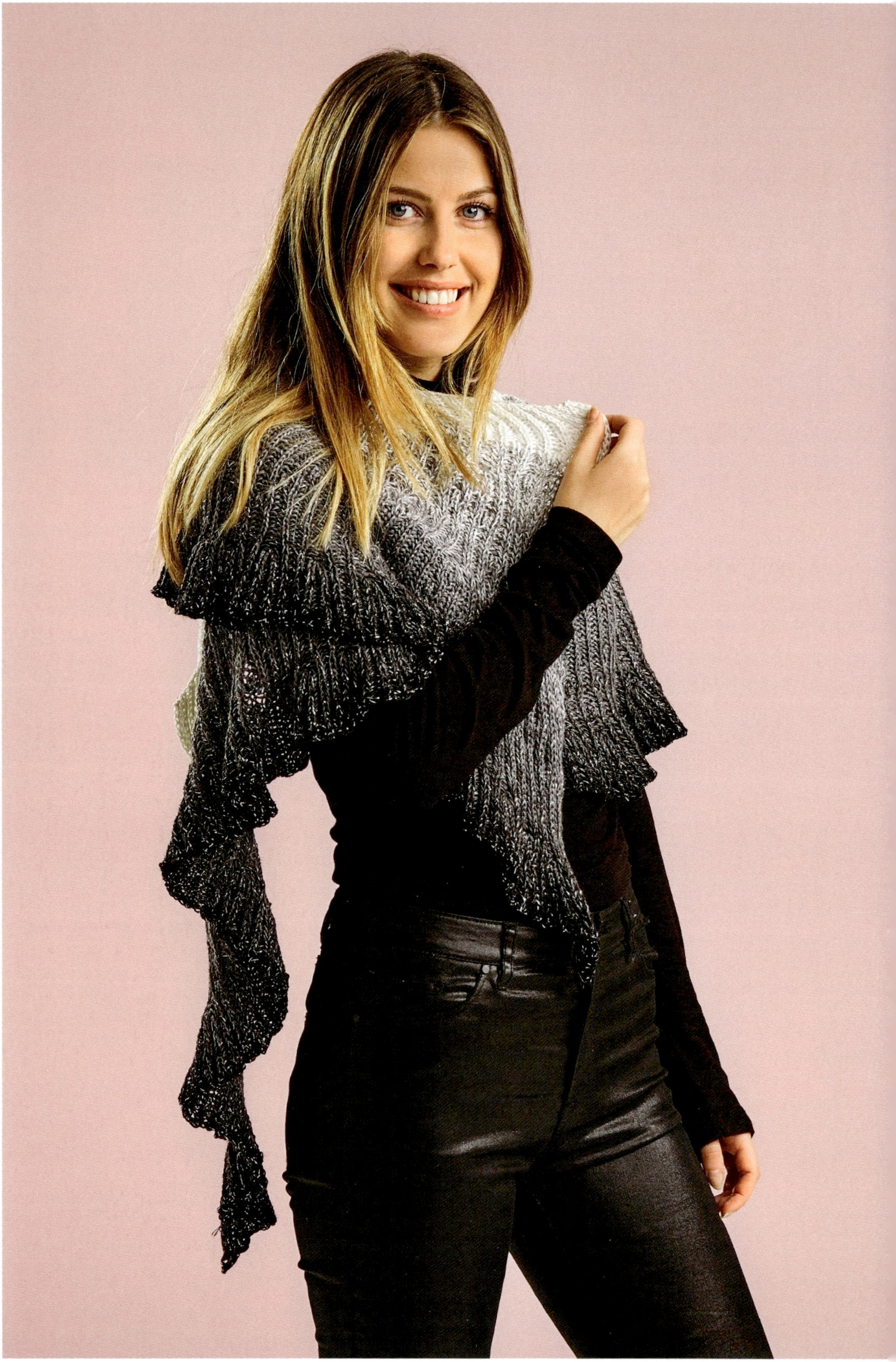

SCHULTERTUCH Citylight

Größe: 46 x 123 cm Umfang

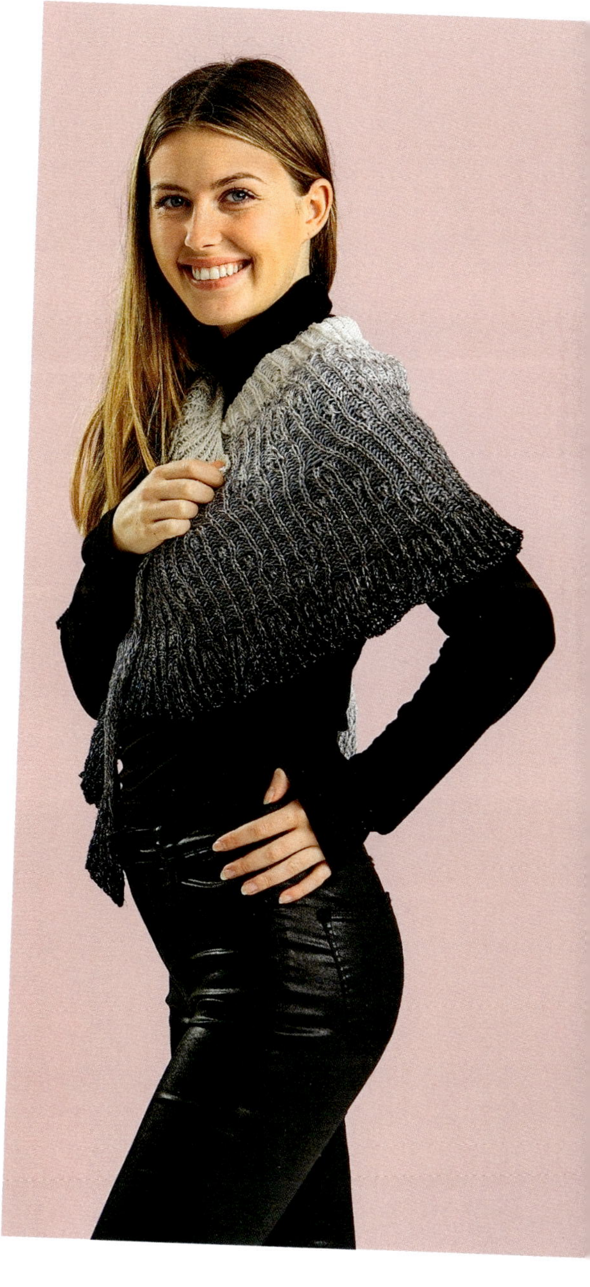

MATERIAL

Woolly Hugs BOBBEL COTTON (50 % Baumwolle, 50 % Polyacryl, Lauflänge ca. 800 m/200 g) von L&K (www.VeronikaHug.com): 1 BOBBEL (Farbe 09)
Woolly Hugs GLITZER (62 % Polyester, 38 % Polyamid, Lauflänge ca. 1000 m/Kone) von L&K (www.VeronikaHug.com): 1 000 m Silber (Farbe 301)
1 lange Rundstricknadel Nr. 3,5
1 Häkelnadel Nr. 3,5

Muster

Relief-Patentmuster: Die Maschenzahl muss durch 8 teilbar sein plus 5 zusätzliche Maschen, damit das Muster rechts und links aufgeht, plus 6 Randmaschen für den beidseitigen Paspelrand. Laut Strickschrift arbeiten. Es ist nur jede 4. Reihe gezeichnet. Alle anderen Reihen laut Workshop „Einfarbiges Relief-Patent mit Paspelrand", Seite 9–10, stricken. Mit den Maschen vor dem Mustersatz (MS) beginnen, den farbig gezeichneten Mustersatz stets wiederholen und enden mit den Maschen nach dem MS. Den BOBBEL von innen zusammen mit Glitzer als Beilauffaden abstricken.

Maschenprobe

13 Maschen x 46 Reihen = 10 x 10 cm

SO WIRD´S GEMACHT

133 Maschen anschlagen und 124 Reihen im Relief-Patentmuster laut Strickschrift arbeiten. Für die Tuchweite wie in der Strickschrift gezeichnet in der 40. Reihe insgesamt 16 x

aus 1 Masche 5 Maschen herausstricken = 197 Maschen, und in der 76. Reihe nochmals 16 x aus 1 Masche 5 Maschen herausstricken = 261 Maschen. In der 124. Reihe für den **Rüschenrand** insgesamt 63 x laut Strickschrift aus jeder 4. Masche 5 Maschen herausstricken = 513 Maschen. Nun im „Einfarbigen Relief-Patent mit Paspelrand" laut Workshop arbeiten, bis das Knäuel fast aufgebraucht ist. Dann alle Maschen abhäkeln. Hierfür abwechselnd 1 Masche mit dem Arbeitsfaden abschlingen und 1 Luftmasche häkeln.

Strickschrift

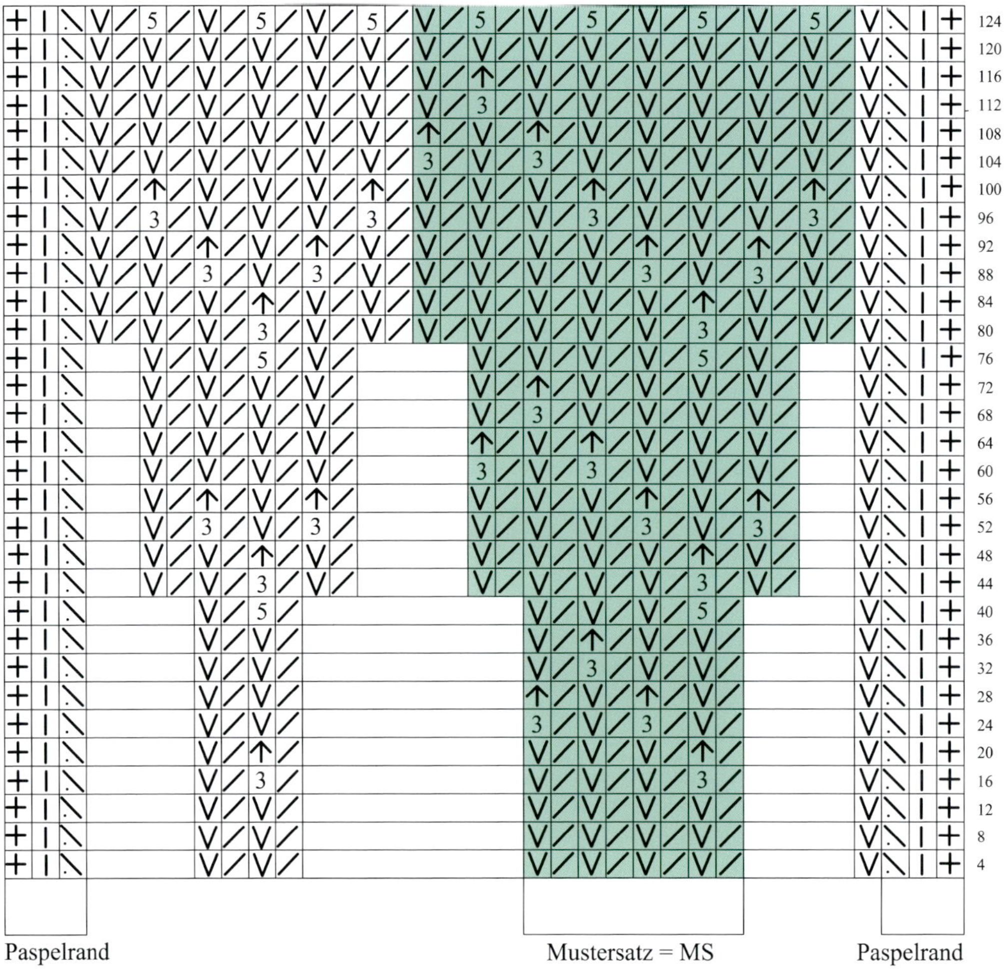

Zeichenerklärung

Siehe Umschlagklappe hinten.

ÜBERWURF

Balkan-Style

Größe: 38–44

MATERIAL

- Woolly Hugs Sky (100 % Baumwolle, Lauflänge ca. 250 m/100 g) von L&K (www.VeronikaHug.com): je 200 g Beige (Farbe 15 = Farbe A) und Rot (Farbe 30 = Farbe B)
- 1 lange Rundstricknadel Nr. 5,5

Muster

Randmaschen: Die 1. Masche wie zum Linksstricken abheben, der Faden liegt vor der Arbeit. Die letzte Masche rechts stricken.

Einfarbiges und zweifarbiges Relief-Patentmuster: Die Maschenzahl muss durch 4 teilbar sein plus 3 zusätzliche Maschen, damit das Muster links und rechts aufgeht, plus 2 Randmaschen. Laut Strickschrift in Reihen arbeiten. Beginnen mit den Maschen vor dem Mustersatz, den Mustersatz (= 4 Maschen – siehe grau unterlegte Zeichen in der Strickschrift) stets wiederholen, enden mit den Maschen nach dem Mustersatz. Die gezeichneten Reihen entsprechend den Angaben in der Anleitung wiederholen. Die zu verwendenden Farben sind neben den Reihennummern angegeben. Die Knäuel von außen abstricken.

Maschenprobe

13 Maschen x 29 Reihen = 10 x 10 cm

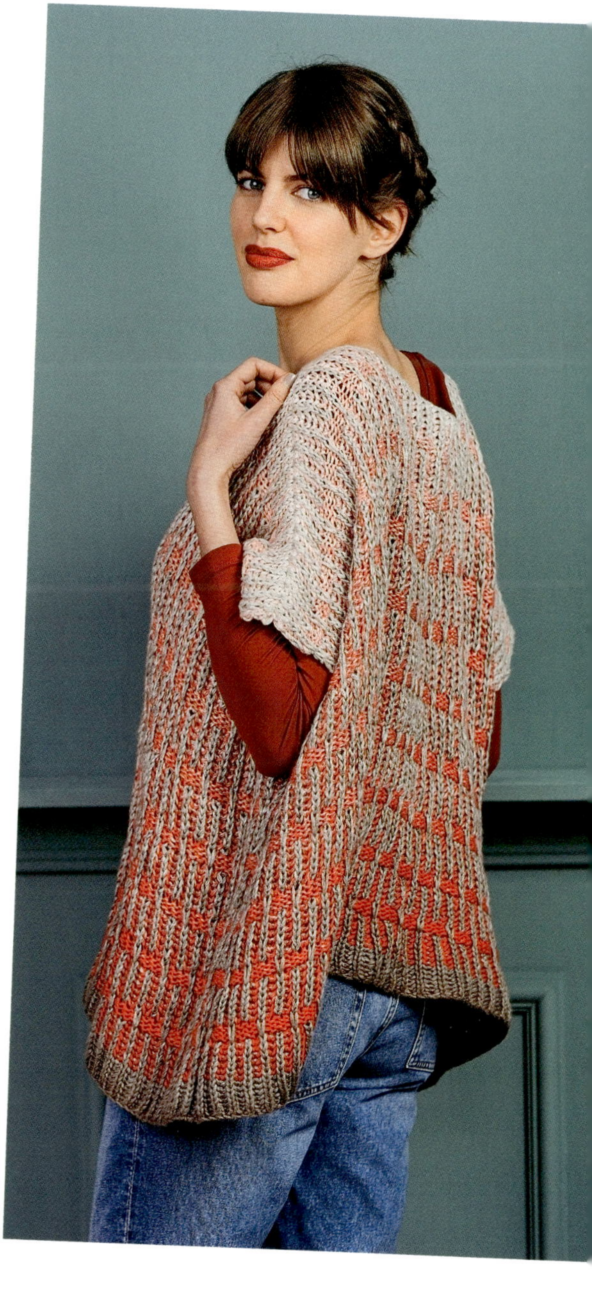

SO WIRD´S GEMACHT

An der unteren Kante des **Vorderteils** beginnen, 113 Maschen in Farbe A anschlagen und im einfarbigen Relief-Patentmuster in Reihen laut Strickschrift arbeiten. Die 1. Reihe 1 x stricken, dann die 2.–3. Reihe 6 x stricken

(= 13 Reihen gesamt). Weiter im zweifarbigen Relief-Patentmuster die 14.–17. Reihe 3 x arbeiten und abwechselnd 1 Reihe in Farbe B und 1 Reihe in Farbe A stricken. Dann in Farbe B die 26.–29. Reihe 1 x stricken. Weiter im zweifarbigen Relief-Patentmuster die 30.–33. Reihe 3 x arbeiten und abwechselnd 1 Reihe in Farbe B und 1 Reihe in Farbe A stricken. Dann in Farbe B die 42.–45. Reihe 1 x stricken. Weiter die 46.–49. Reihe 3 x stricken und abwechselnd 1 Reihe in Farbe B und 1 Reihe in Farbe A stricken. Die 26.–49. Reihe noch 3 x wiederholen. Dann alle Maschen locker mit Farbe A abketten. Das **Rückenteil** genauso arbeiten.

Fertigstellung: Die Schulternähte beidseitig 30 cm schließen und für den Halsausschnitt 28 cm offen lassen. Die Seitennähte beidseitig über 32 cm schließen und die oberen 21 cm als Ärmelöffnung offen lassen.

Strickschrift

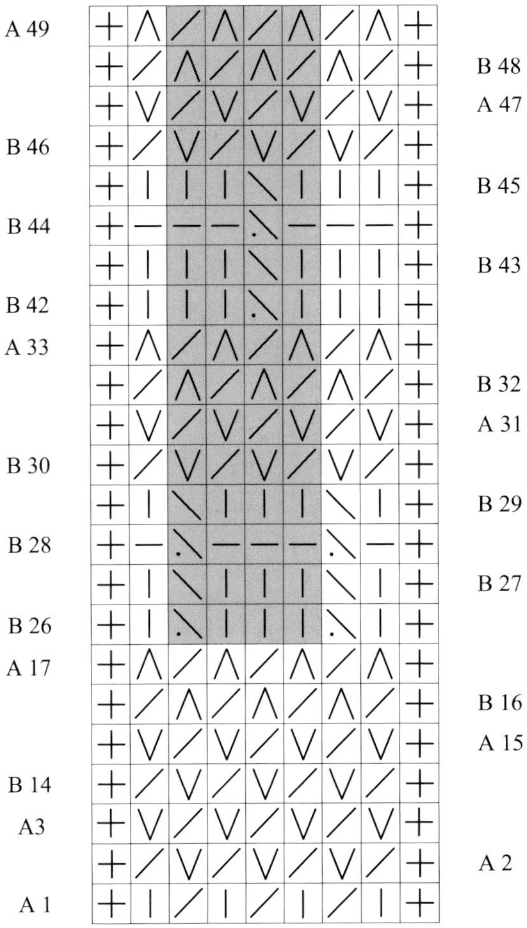

Schnittmuster

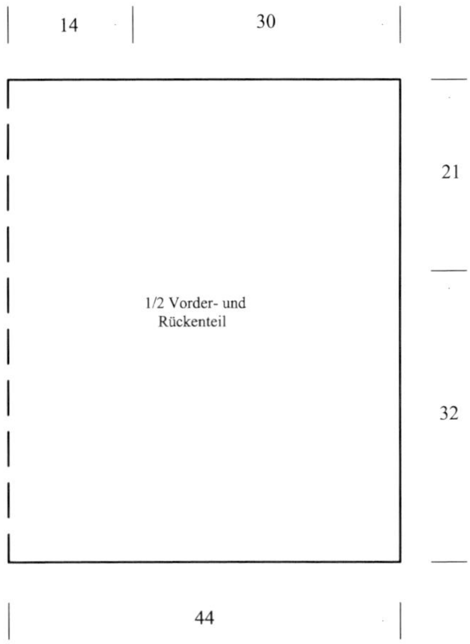

Zeichenerklärung
Siehe Umschlagklappe hinten.

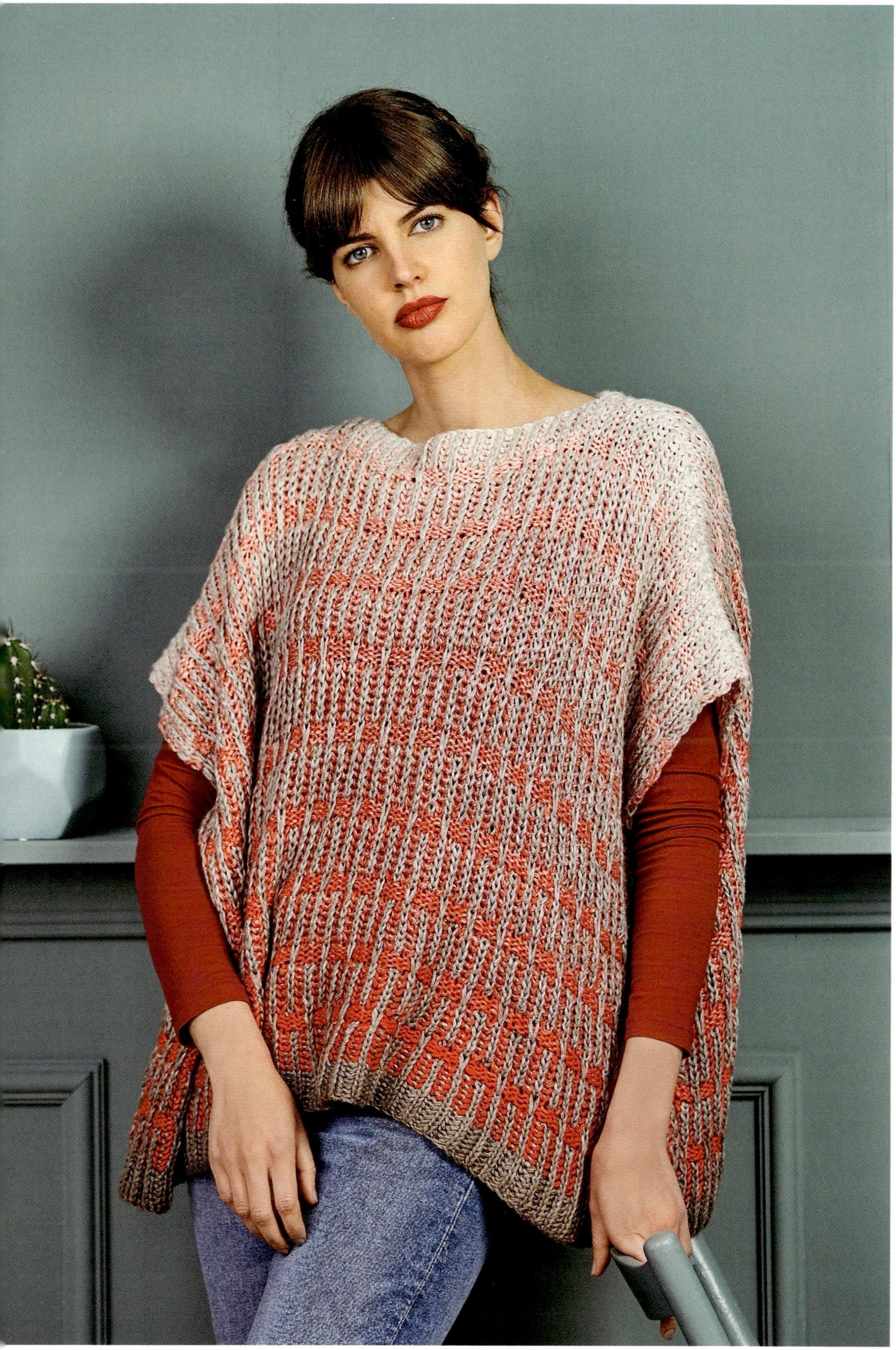

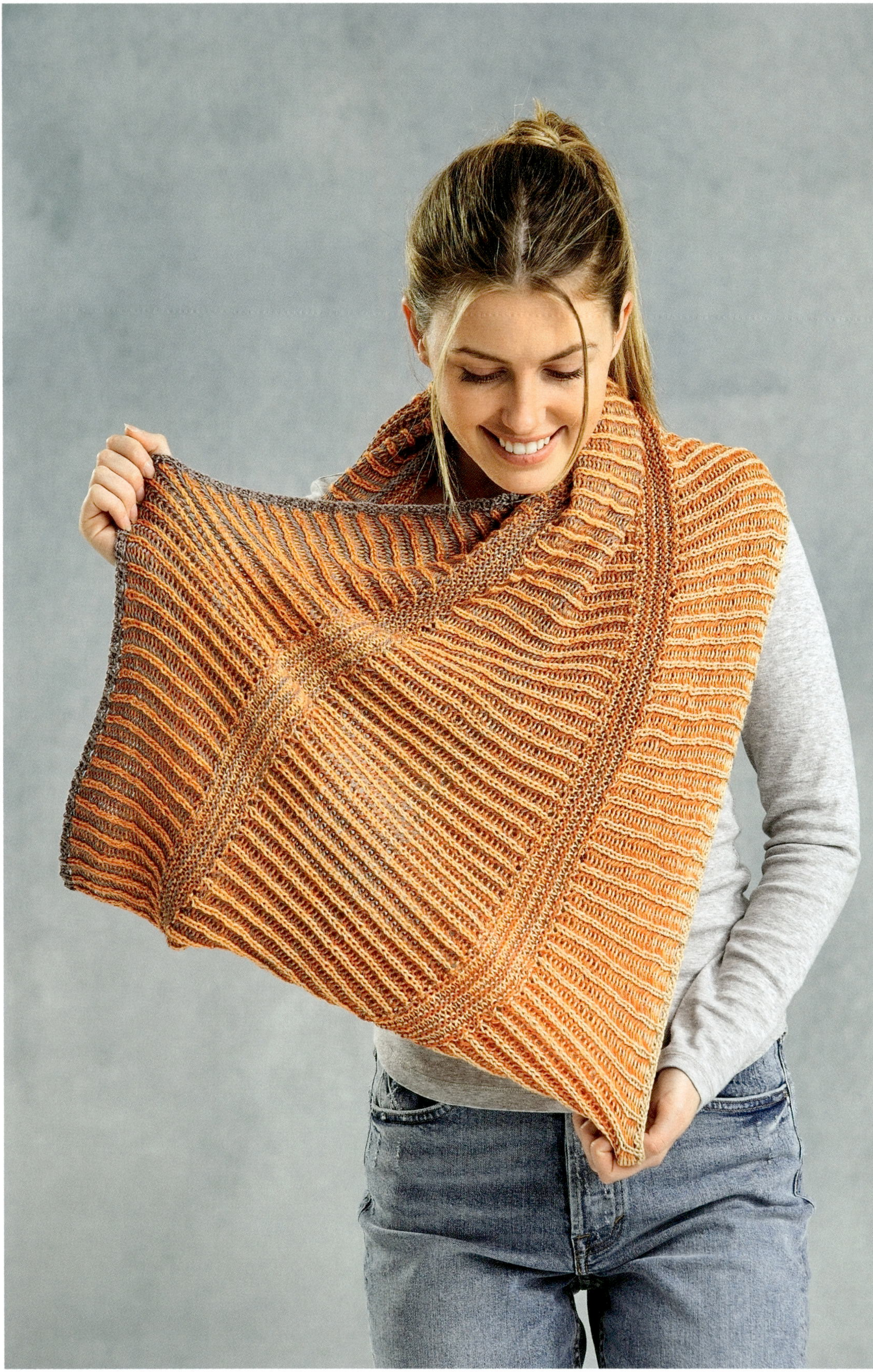

LOOP Pharao

Größe: 46 x 123 cm Umfang

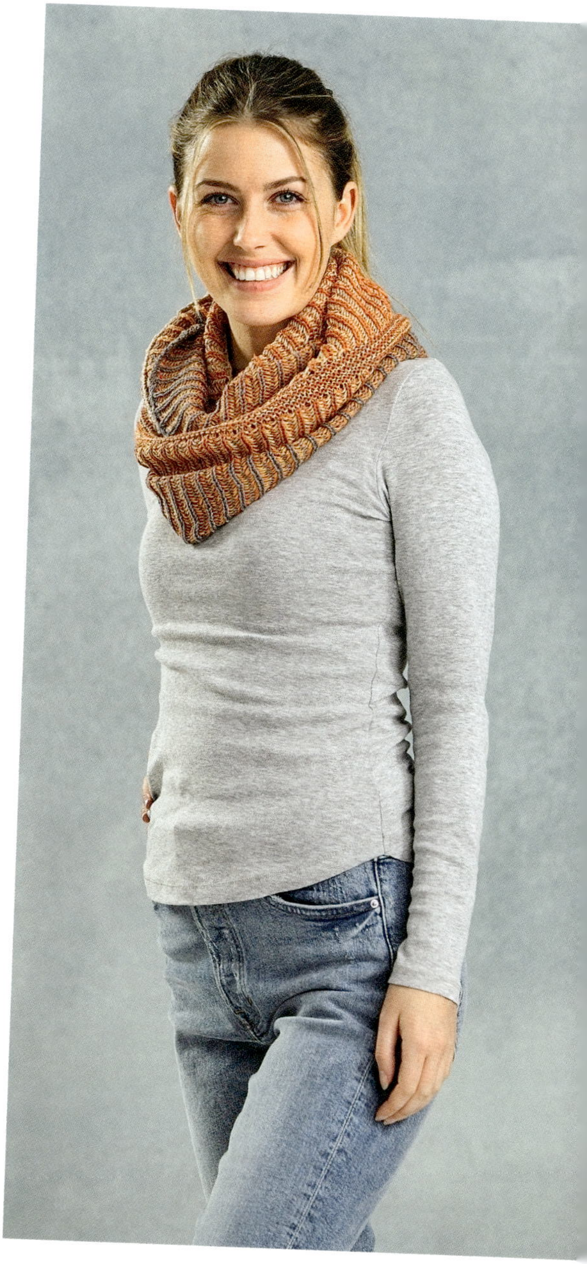

MATERIAL

- Woolly Hugs BOBBEL COTTON (50 % Baumwolle, 50 % Polyacryl, Lauflänge ca. 800 m/200 g) von L&K (www.VeronikaHug.com): 1 BOBBEL (Farbe 05)
- 1 Rundstricknadel Nr. 3

Muster

Zweifarbiges Relief-Patentmuster und Streifenmuster: Die Maschenzahl muss durch 4 teilbar sein. Laut Strickschrift in Runden arbeiten. Die gezeichneten Runden entsprechend den Angaben in der Anleitung wiederholen. Die zu verwendenden Farben sind neben den Rundennummern angegeben.
Vorbereitung: Den BOBBEL von innen bis zur Hälfte abwickeln, bis man 2 gleich schwere Knäuel hat (wiegen). Für Farbe A den BOBBEL von außen und für Farbe B das abgewickelte Knäuel abstricken.

Maschenprobe

13 Maschen x 50 Reihen = 10 x 10 cm

SO WIRD´S GEMACHT

320 Maschen in Farbe A anschlagen und zur Runde schließen Die 1.–3. Runde in Farbe A arbeiten. In der 3. Runde die Maschenzahl laut Strickschrift halbieren (= 160 Maschen). Ab der 4. Runde abwechselnd 1 Runde in Farbe B und 1 Runde in Farbe A arbeiten. Die 4. und 5. Runde 30 x im zweifarbigen Relief-Patentmuster stricken. In der 64. Runde jede 2. Masche laut Strickschrift verdoppeln (= 240 Maschen) und die 65.–74. Runde im

Streifenmuster (abwechselnd 2 Runden linke und 2 Runden rechte Maschen) stricken. In der 75. Runde laut Strickschrift jede 2. und 3. Masche rechts zusammenstricken (= 160 Maschen). Dann die 76. und 77. Runde 40 x im zweifarbigen Relief-Patentmuster stricken. In der 156. Runde jede 2. Masche laut Strickschrift verdoppeln (= 240 Maschen) und die 157.–166. Runde im Streifenmuster stricken. In der 167. Runde laut Strickschrift jede 2. und 3. Masche rechts zusammenstricken (= 160 Maschen). Dann die 168. und 169. Runde 30 x im zweifarbigen Relief-Patentmuster stricken. Ab der 228. Runde in Farbe B arbeiten. In der 230. Runde die Maschen locker abketten.

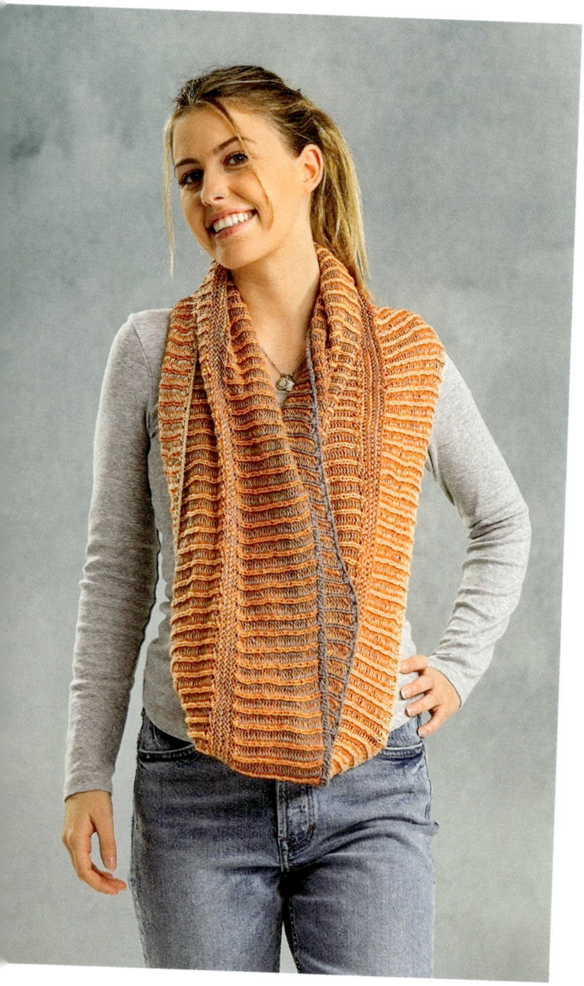

Strickschrift

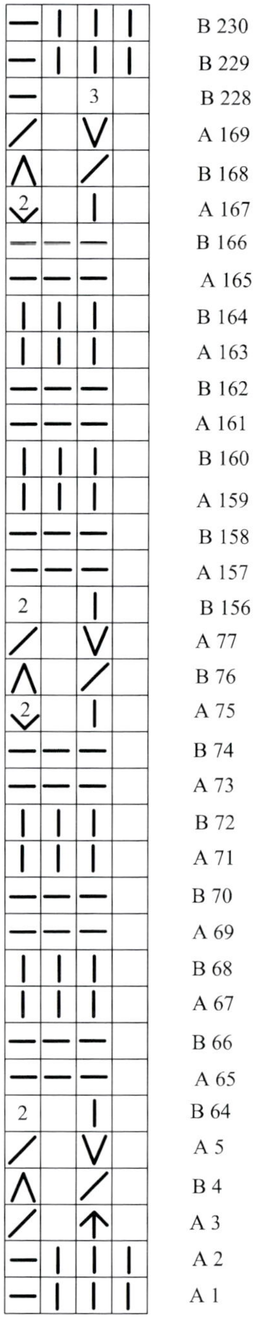

Zeichenerklärung

Siehe Umschlagklappe hinten.

SCHALKRAGEN Pazifik

Größe: 44 x 130 cm

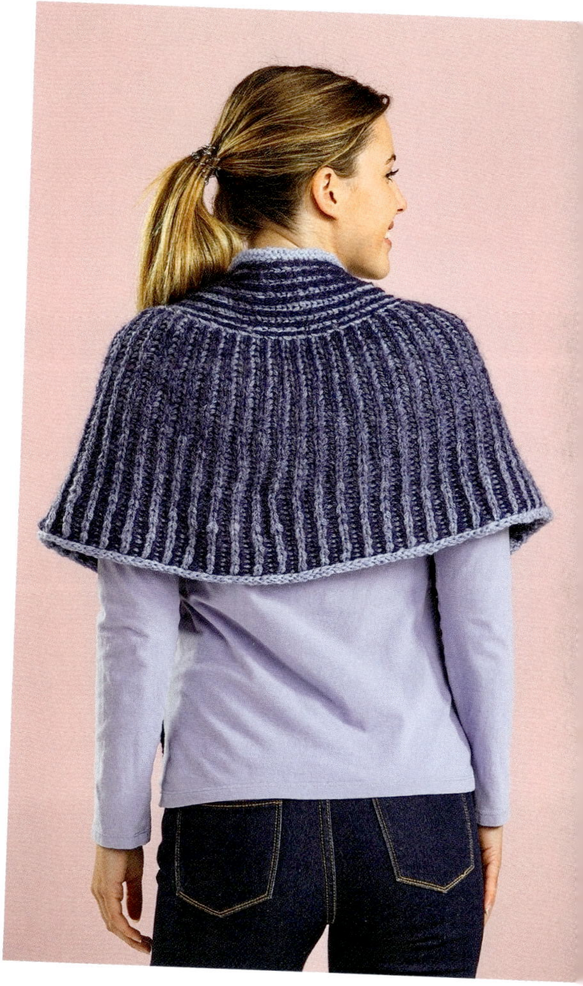

MATERIAL

- Woolly Hugs CLOUD (94 % Schurwolle Merino, 6 % Polyamid, Lauflänge ca. 300 m/100 g) von L&K (www.VeronikaHug.com): 200 g Blau (Farbe 181)
- 6 Knöpfe, Ø 22 mm
- 1 Rundstricknadel Nr. 6

Muster

Randmaschen: Die 1. Masche wie zum Linksstricken abheben, der Faden liegt vor der Arbeit. Die letzte Masche rechts stricken.
Relief-Patentmuster: Laut Workshop „Zweifarbiges Relief-Patent in Reihen“, Seite 6, stricken. Als Farbe A 1 Knäuel von innen nach außen und als Farbe B 1 Knäuel von außen nach innen abstricken.
Glatt rechts in Reihen: In Hinreihen rechte, in Rückreihen linke Maschen stricken.

Maschenprobe Relief-Patentmuster

11 Maschen x 30 Reihen = 10 x 10 cm

Maschenprobe glatt rechts

16 Maschen x 25 Reihen = 10 x 10 cm

SO WIRD´S GEMACHT

Mit dem **oberen Kragenteil** beginnen. Es wird quer gestrickt. 15 Maschen in Farbe A anschlagen und 93 cm im Relief-Patentmuster stricken. Dann die Maschen locker abketten. Für das **untere Kragenteil** aus den Randmaschen einer Längsseite des oberen Kragenteils 141 Maschen auffassen und 30 cm im Relief-Patentmuster stricken, dabei die Knäuel weiter abstricken wie begonnen. Anschließend in Farbe A den **unteren Rand** stricken. Hierfür nach jeder 2. Masche 1 zusätzliche Masche aus dem Querfaden rechts herausstricken = 211 Maschen. 3 Reihen glatt rechts stricken, dann alle Maschen locker abketten. Für den **oberen Rand** mit Farbe A aus den Rand-

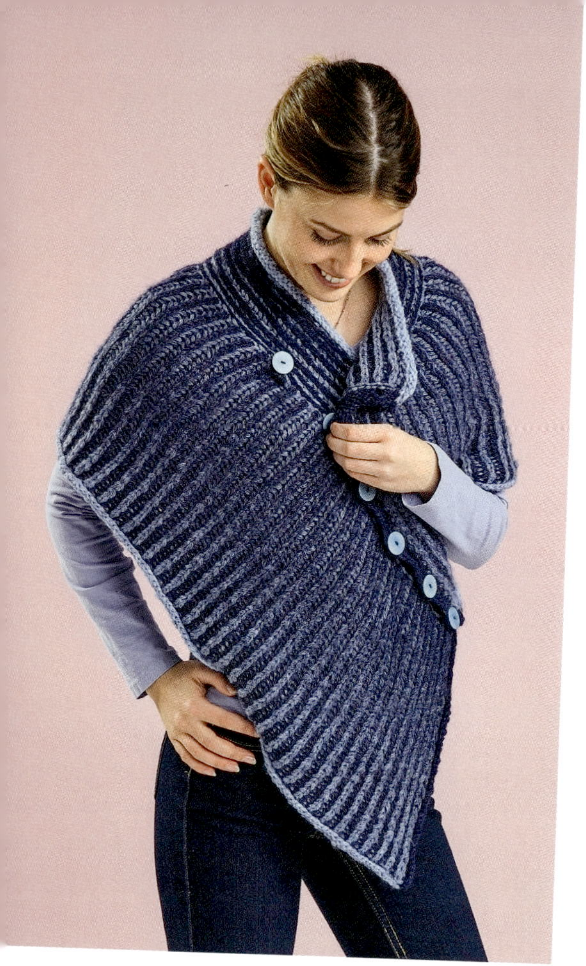

maschen der Längsseite des oberen Kragenteils 148 Maschen auffassen, 3 Reihen glatt rechts stricken und alle Maschen locker abketten. An der rechten Schmalseite des Schalkragens mit Farbe B 60 Maschen auffassen, 3 Reihen glatt rechts stricken und alle Maschen locker abketten. An der linken Schmalseite des Schalkragens für die Knopflochleiste die Maschen wie folgt auffassen: 4 Maschen auffassen, *2 Maschen aufschlingen und für ein Knopfloch 2 Randmaschen überspringen, 8 Maschen aus den Randmaschen auffassen *. Von *–* noch 4 x wiederholen, dann 2 Maschen aufschlingen und für das Knopfloch 2 Randmaschen überspringen und wieder 4 Maschen auffassen = 60 Maschen. 3 Reihen glatt rechts stricken und alle Maschen locker abketten. Die Knöpfe an der Ansatzlinie des unteren Kragenteils entsprechend des Schnittmusters aufnähen.

Schnittmuster

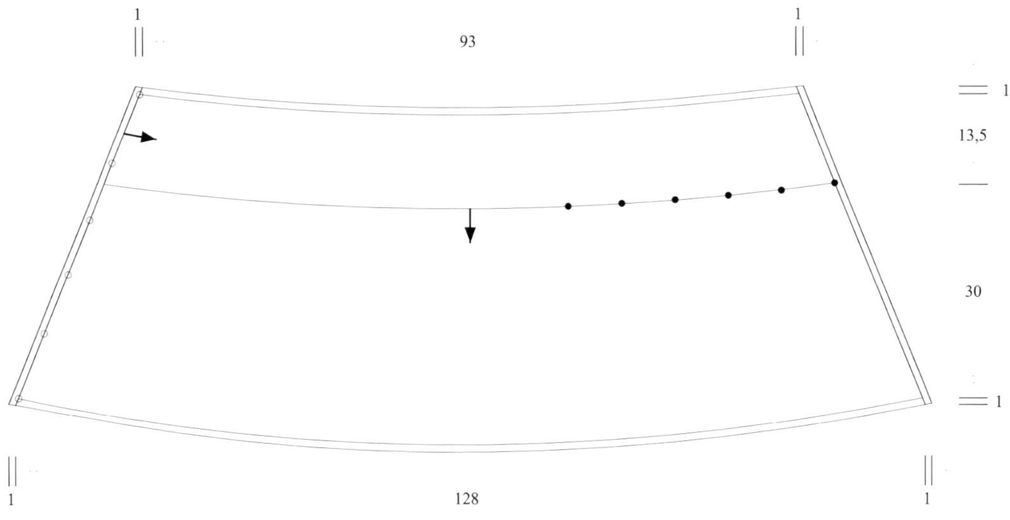

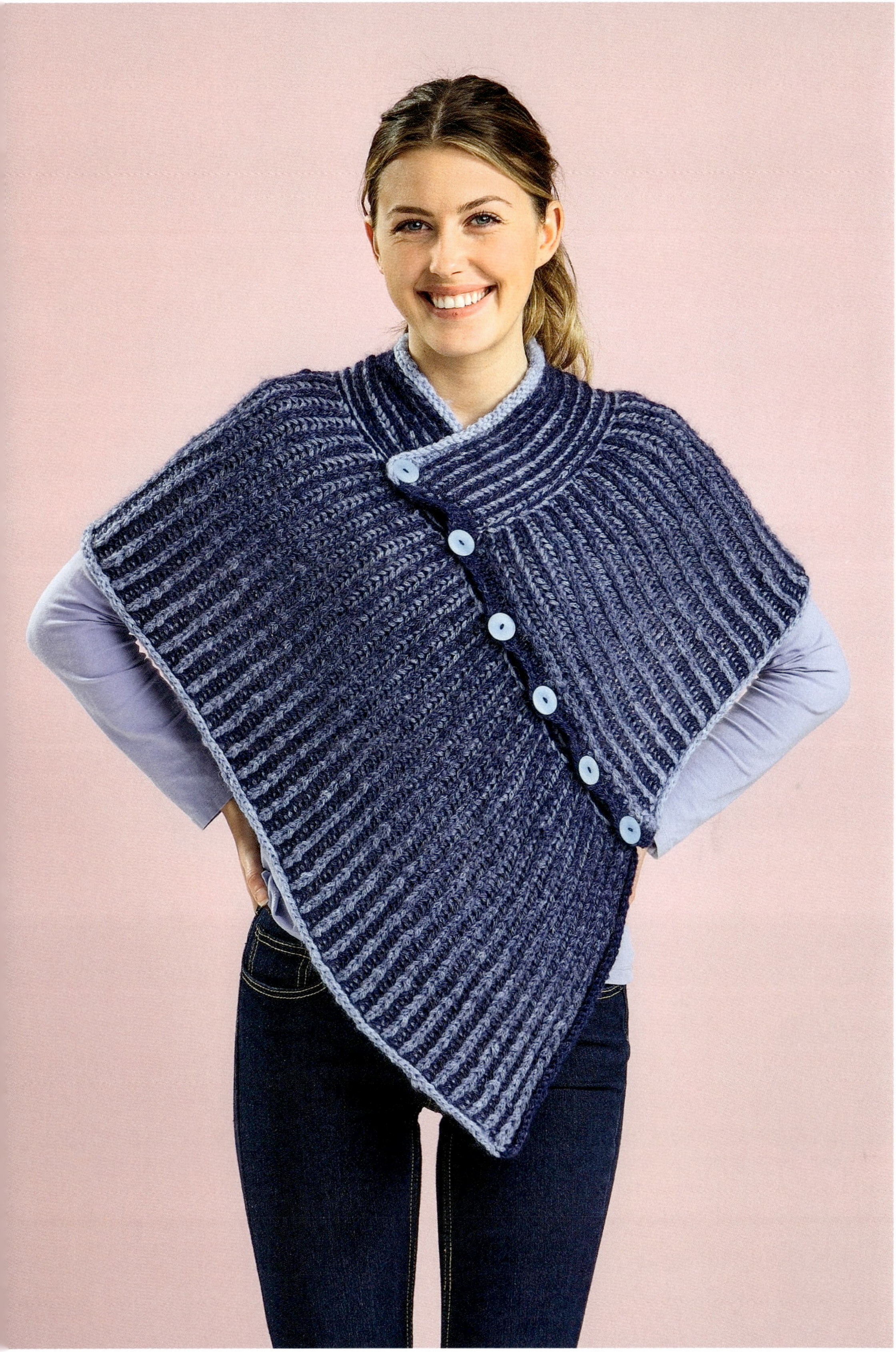

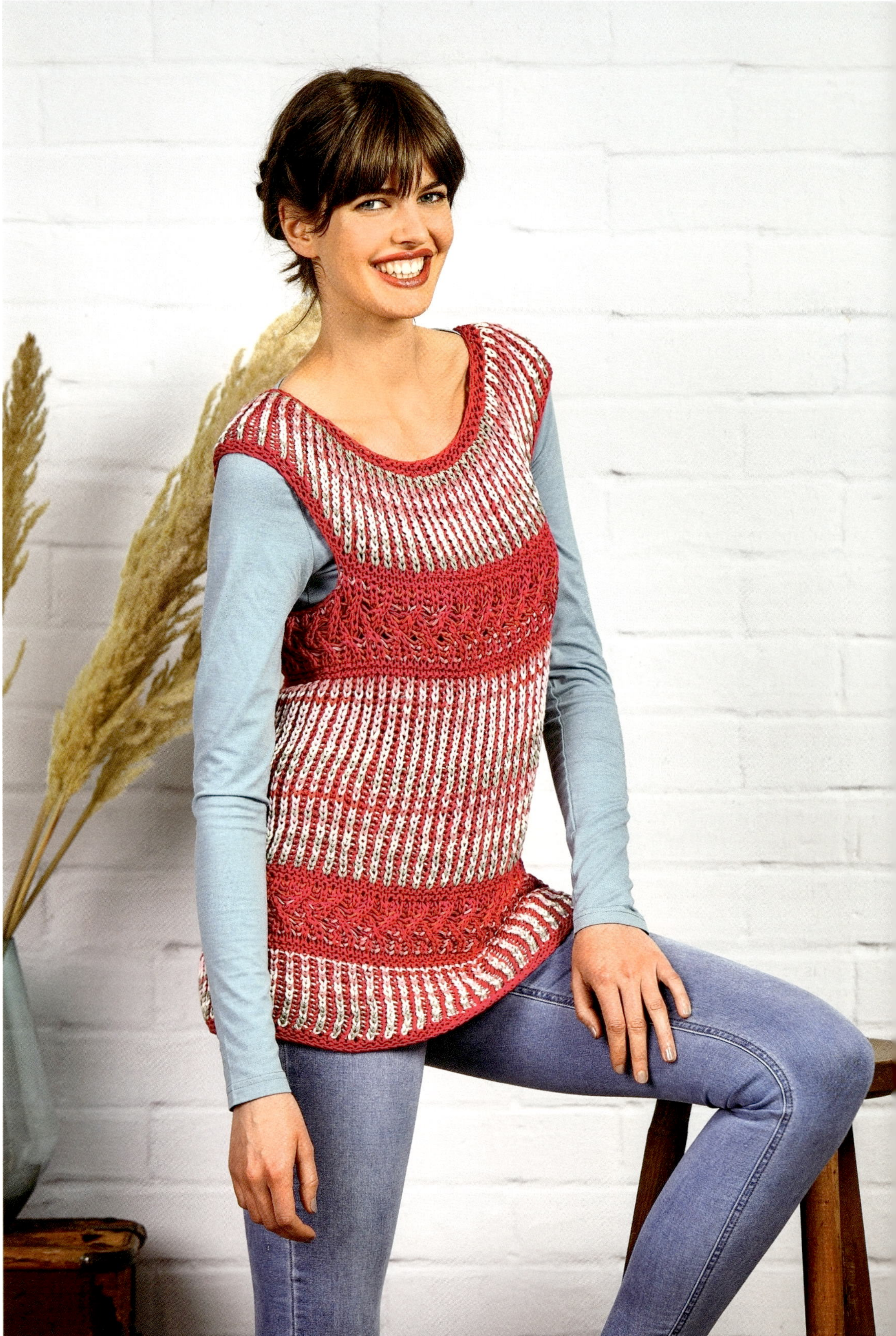

TOP

Candyland

Größe: 36/38 (42/44) 48/50

MATERIAL

- Woolly Hugs BANDY COLOR (100 % Baumwolle, Lauflänge ca. 210 m/100 g) von L&K (www.VeronikaHug.com): 200 (300) 400 g Pink-Color (Farbe 15 = Farbe A)
- Woolly Hugs BANDY UNI (100 % Baumwolle, Lauflänge ca. 210 m/100 g) von L&K (www.VeronikaHug.com): 200 (300) 400 g Pink (Farbe 41 = Farbe B)
- 1 Rundstricknadel Nr. 6
- 1 Hilfsnadel

Muster

Relief-Patentmuster: Laut Workshop „Zweifarbiges Relief-Patent in Runden", Seite 8, stricken. Farbe A = Grundfarbe, Farbe B = Kontrastfarbe.

Relief-Patentmuster mit Verzopfung: Die Maschenzahl muss durch 4 teilbar sein. Farbe B = Grundfarbe, Farbe A = Kontrastfarbe. Laut Strickschrift arbeiten. Es ist nur jede 2. Runde gezeichnet. Die gezeichneten Runden in Farbe B stricken. Alle anderen Runden in Farbe A laut Workshop „Zweifarbiges Relief-Patent in Runden", Seite 8, stricken.

Kraus rechts in Runden: 1 Runde rechte Maschen, 1 Runde linke Maschen, 1 Runde rechte Maschen, 1 Runde linke Masche und 1 Runde rechte Maschen stricken = 5 Runden in Farbe B.

Maschenprobe Relief-Patentmuster

14 Maschen x 34 Reihen = 10 x 10 cm

Maschenprobe kraus rechts

14 Maschen x 28 Reihen = 10 x 10 cm

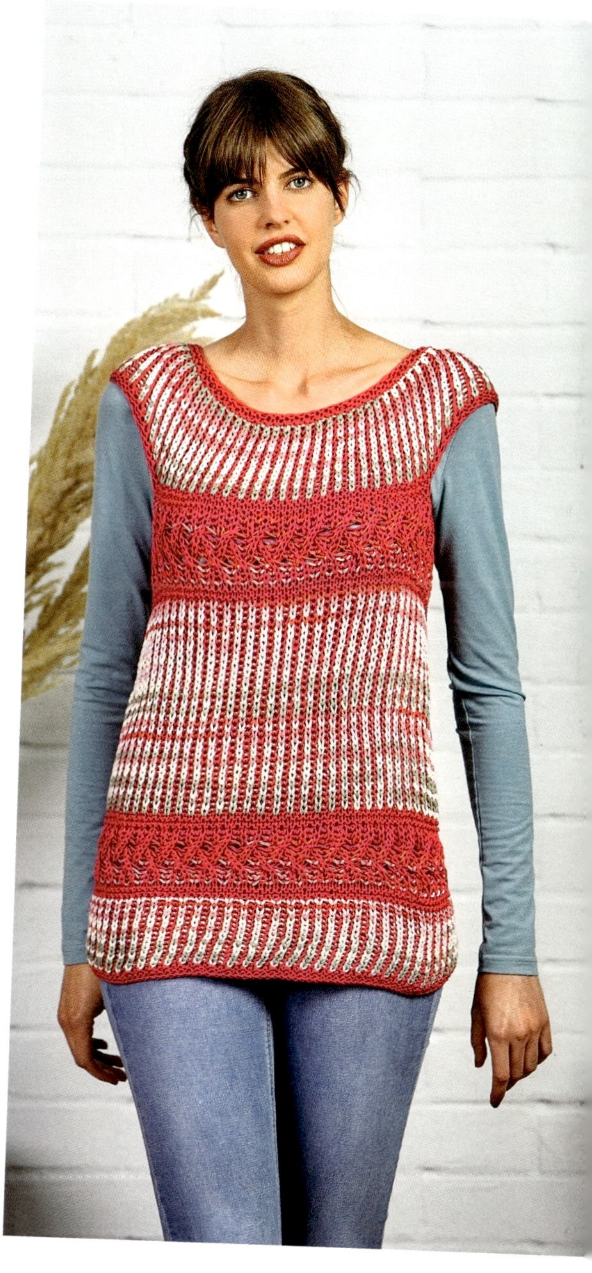

SO WIRD´S GEMACHT

Am unteren Rand beginnend Vorder- und Rückenteil gleichzeitig in Runden stricken. 128 (152) 176 Maschen in Farbe B anschlagen und zur Runde schließen. Weiter in folgender Musterfolge stricken: 5 Runden kraus rechts in Pink, 30 (36) 42 Runden im Relief-Patentmuster, 5 Runden kraus rechts, 24 Runden im Relief-Patentmuster mit Verzopfung, 5 Runden kraus rechts, 64 (72) 80 Runden im Relief-Patentmuster, 5 Runden kraus rechts, 24 Runden im Relief-Patentmuster mit Verzopfung. In der letzten Runde für den rechten Armausschnitt 12 (14) 16 Maschen abketten, für das Vorderteil 52 (62) 72 Maschen stricken, für den linken Armausschnitt 12 (14) 16 Maschen abketten und für das Rückenteil 52 Maschen stricken. Weiter für die Rundpasse 5 Runden kraus rechts in Farbe B stricken. In der 1. Runde für den rechten Armausschnitt 30 (36) 42 Maschen aufschlingen, 52 (62) 72 Maschen am Vorderteil stricken, für den linken Armausschnitt 30 (36) 42 Maschen aufschlingen und 52 (62) 72 Maschen am Rückenteil stricken = 164 (196) 228 Maschen. Noch 4 Runden kraus rechts stricken. Dann 30 (40) 50 Runden im Relief-Patentmuster arbeiten. Weiter 3 Runden kraus rechts stricken, in der nächsten Runde die Maschenzahl halbieren, dazu stets 2 Maschen links zusammenstricken. In der 5. Runde alle Maschen abketten.

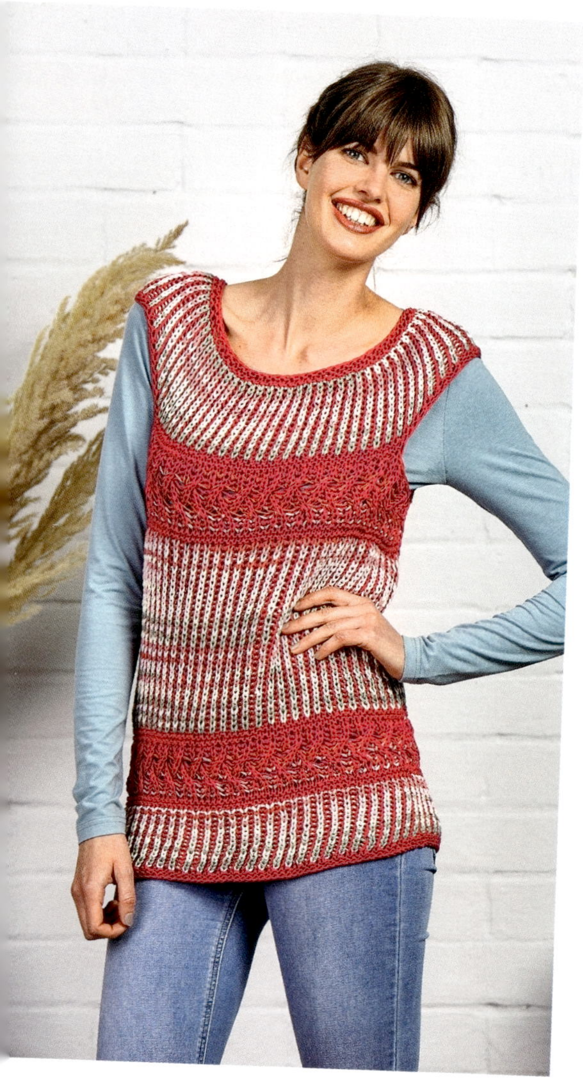

Strickschrift

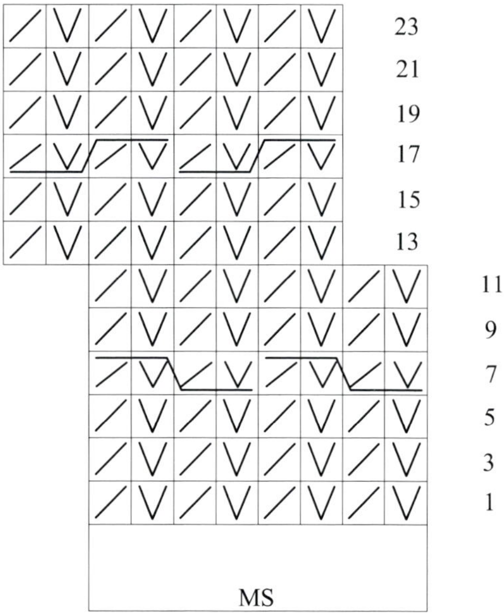

Zeichenerklärung

Siehe Umschlagklappe hinten.

Schnittmuster

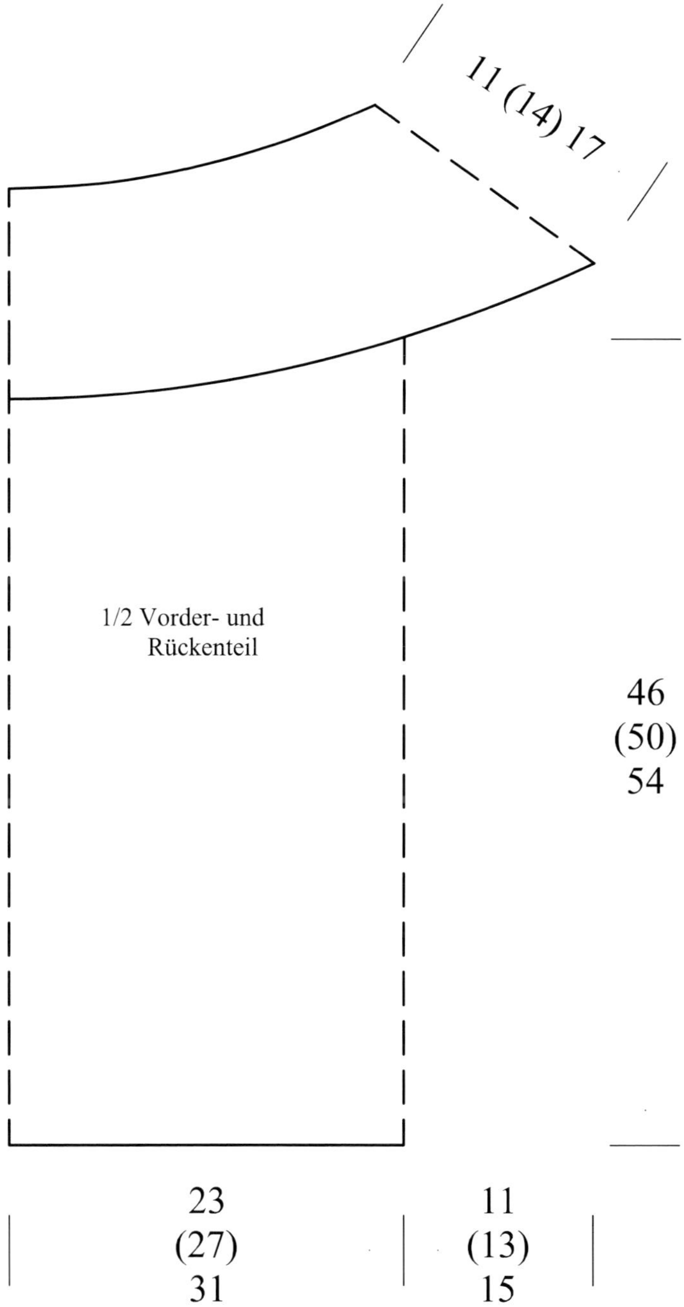

IMPRESSUM

Design & Realisation: Silvia Jäger
Fotos & Styling: Florian Bilger, Fotodesign
Schmuckseiten vorn/hinten: © shutterstock
Produktmanagement: Maria Möllenkamp
Lektorat: Johanna Heiß
Fachkorrektorat: Margit Huber
Umschlaggestaltung: Max Bartschat
Satz: Jeanette Frieberg, Buchgestaltung | Mediendesign, Leipzig
Repro: LUDWIG:media, Zell am See
Herstellung: Bettina Schippel, Stephanie Schlemmer
Printed in Slovenia by Florjancic

★★★★★

Sind Sie mit diesem Titel zufrieden? Dann würden wir uns über Ihre Weiterempfehlung freuen. Erzählen Sie es im Freundeskreis, berichten Sie Ihrem Buchhändler oder bewerten Sie bei Onlinekauf. Und wenn Sie Kritik, Korrekturen, Aktualisierungen haben, freuen wir uns über Ihre Nachricht an:
Christian Verlag, Postfach 40 02 09,
D-80702 München oder per E-Mail an
lektorat@verlagshaus.de.

Unser komplettes Programm finden Sie unter

www.christophorus-verlag.de

Hersteller
Woolly Hugs über Langendorf und Keller GmbH,
www.langendorf-keller.de

Die Deutsche Nationalbibliothek verzeichnet diese Publikation in der Deutschen Nationalbibliografie; detaillierte bibliografische Daten sind im Internet über http://dnb.d-nb.de abrufbar.

ISBN 978-3-8410-6537-7

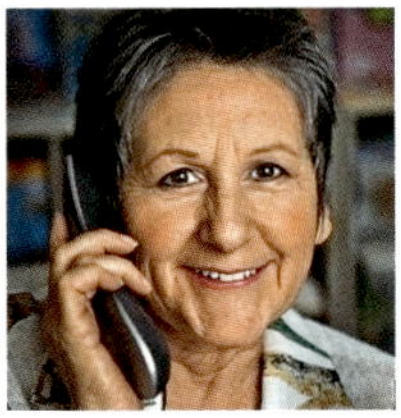

Kreativ-Service

Sie haben Fragen zu den Büchern und Materialien? Frau Erika Noll ist für Sie da und berät Sie rund um alle Kreativthemen. Rufen Sie an! Wir interessieren uns auch für Ihre eigenen Ideen und Anregungen. Sie erreichen Frau Noll per E-Mail: **mail@kreativ-service.info** oder Tel.: **+49 (0) 5052/91 18 58**

Besuchen Sie uns im Internet: www.christophorus-verlag.de